A-Z CRO

CONTEN

Key to Map Pages	2-3	Lar	
Map Pages	4-27	Index	29 onwards

REFERENCE

A Road	A23	Car Park (selected)	P
B Road	B269	Church or Chapel	†
Dual Carriageway		Fire Station	■
One-way Street Traffic flow on A roads is indicated by a heavy line on the drivers' left. Large Scale Page Only	→	Hospital	H
		House Numbers (A & B Roads only)	2 33
Junction Names	PURLEY CROSS	Information Centre	🛈
Restricted Access		National Grid Reference	530
Pedestrianized Road		Police Station	▲
Track & Footpath		Post Office	★
Residential Walkway		Toilet: without facilities for the Disabled with facilities for the Disabled Disabled facilities only	▽ ▽ ▽
Railway Stations:	Tunnel Level Crossing		
National Rail Network		Educational Establishment	
Underground	●	Hospital or Hospice	
Croydon Tramlink The boarding of Tramlink trams at stops may be limited to a single direction, indicated by the arrow.	Tunnel Stop	Industrial Building	
Built-up Area	BOND RD	Leisure or Recreational Facility	
Local Authority Boundary		Place of Interest	
Posttown & London Postal District Boundary		Public Building	
Postcode Boundary (within posttown)		Shopping Centre or Market	
Map Continuation	12 Large Scale Town Centre 28	Other Selected Buildings	

SCALE

Map Pages 4-27		Map Page 28	
1:19000	3.33 inches to 1 mile	1:9500	6.67 inches to 1 mile
0 ¼ ½ Mile		0 ⅛ ¼ Mile	
0 250 500 750 Metres		0 100 200 300 Metres	
5.26cm to 1km	8.47cm to 1 mile	10.53 cm to 1km	16.94 cm to 1 mile

Copyright of Geographers' A-Z Map Company Limited

Fairfield Road, Borough Green, Sevenoaks, Kent TN15 8PP
Telephone: 01732 781000 (General Enquiries & Trade Sales)
            01732 783422 (Retail Sales)

www.a-zmaps.co.uk

This product includes mapping data licensed from Ordnance Survey® with the permission of the Controller of Her Majesty's Stationery Office.

© Crown Copyright 2005. All rights reserved. Licence number 100017302

Copyright © Geographers' A-Z Map Co. Ltd.   EDITION 4   2006

Every possible care has been taken to ensure that, to the best of our knowledge, the information contained in this atlas is accurate at the date of publication. However, we cannot warrant that our work is entirely error free and whilst we would be grateful to learn of any inaccuracies, we do not accept any responsibility for loss or damage resulting from reliance on information contained within this publication.

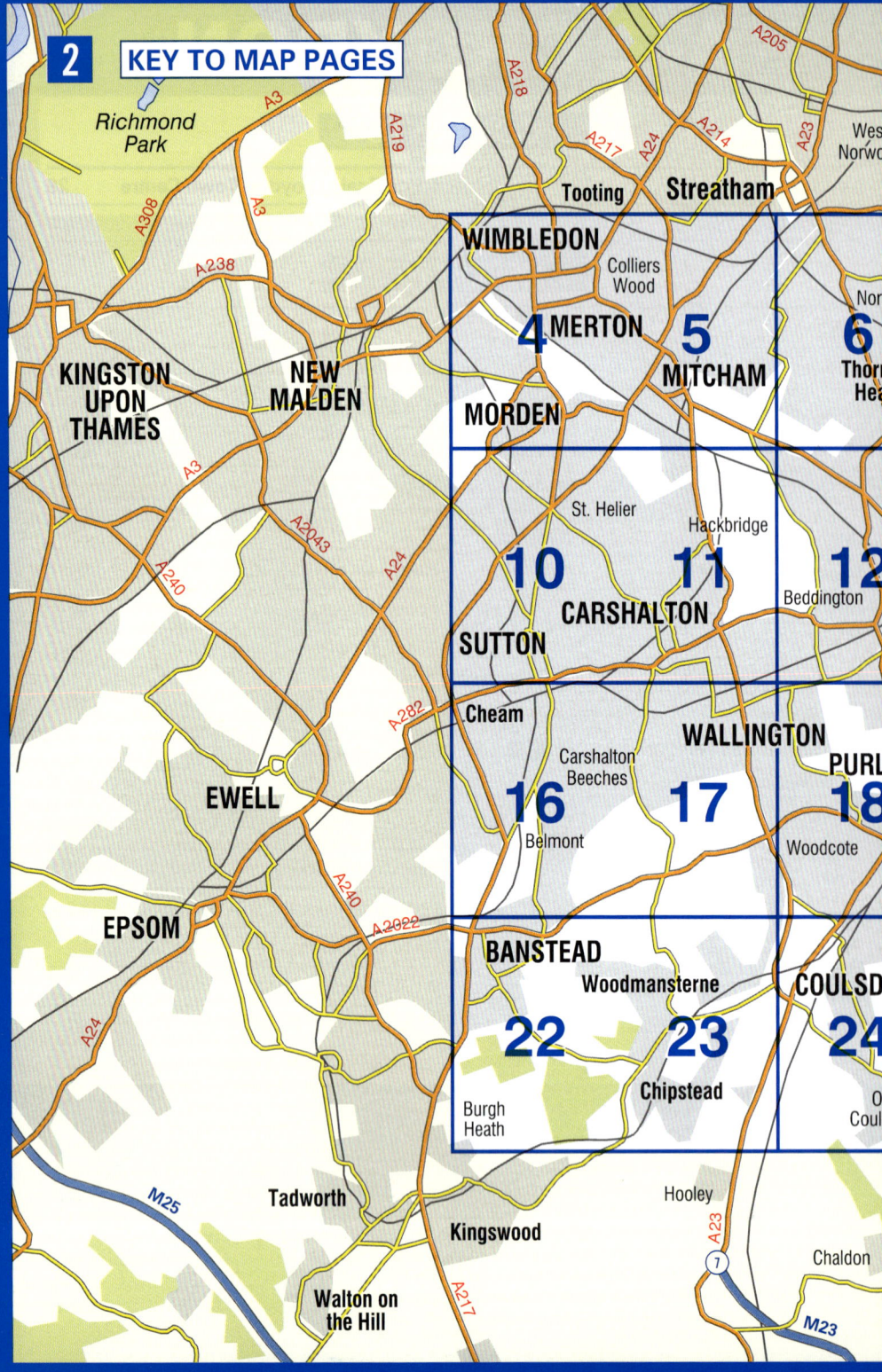

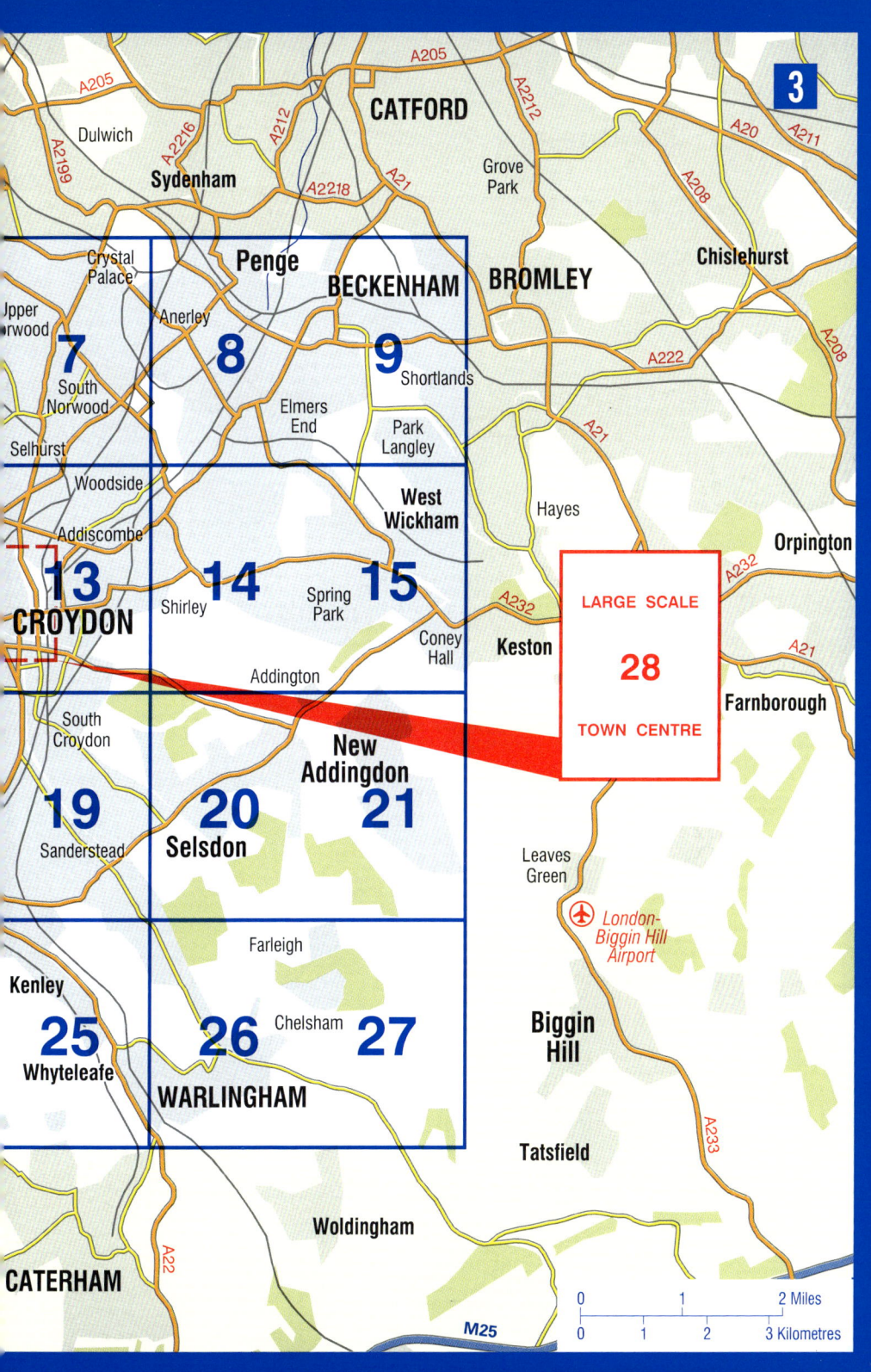

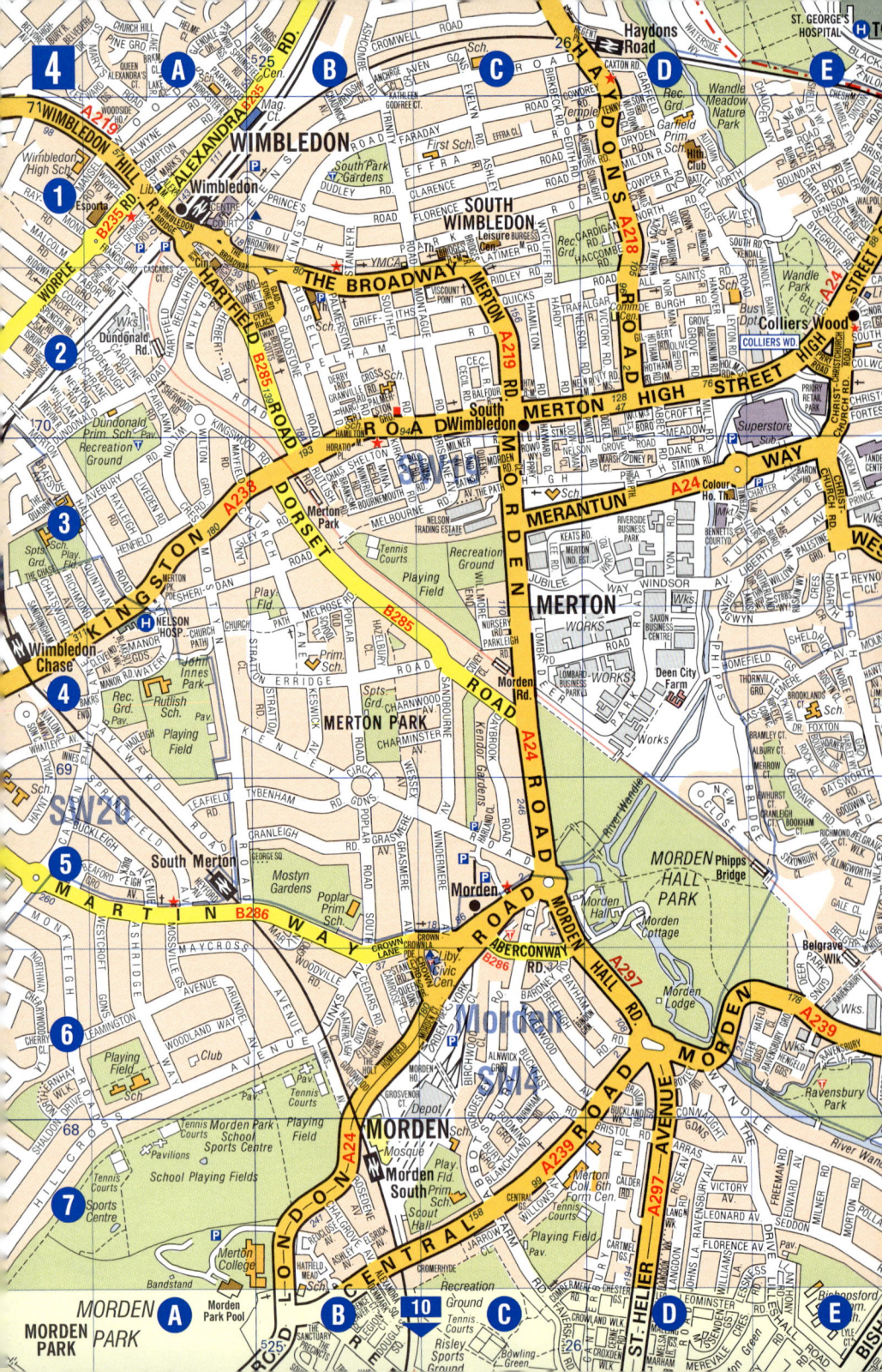

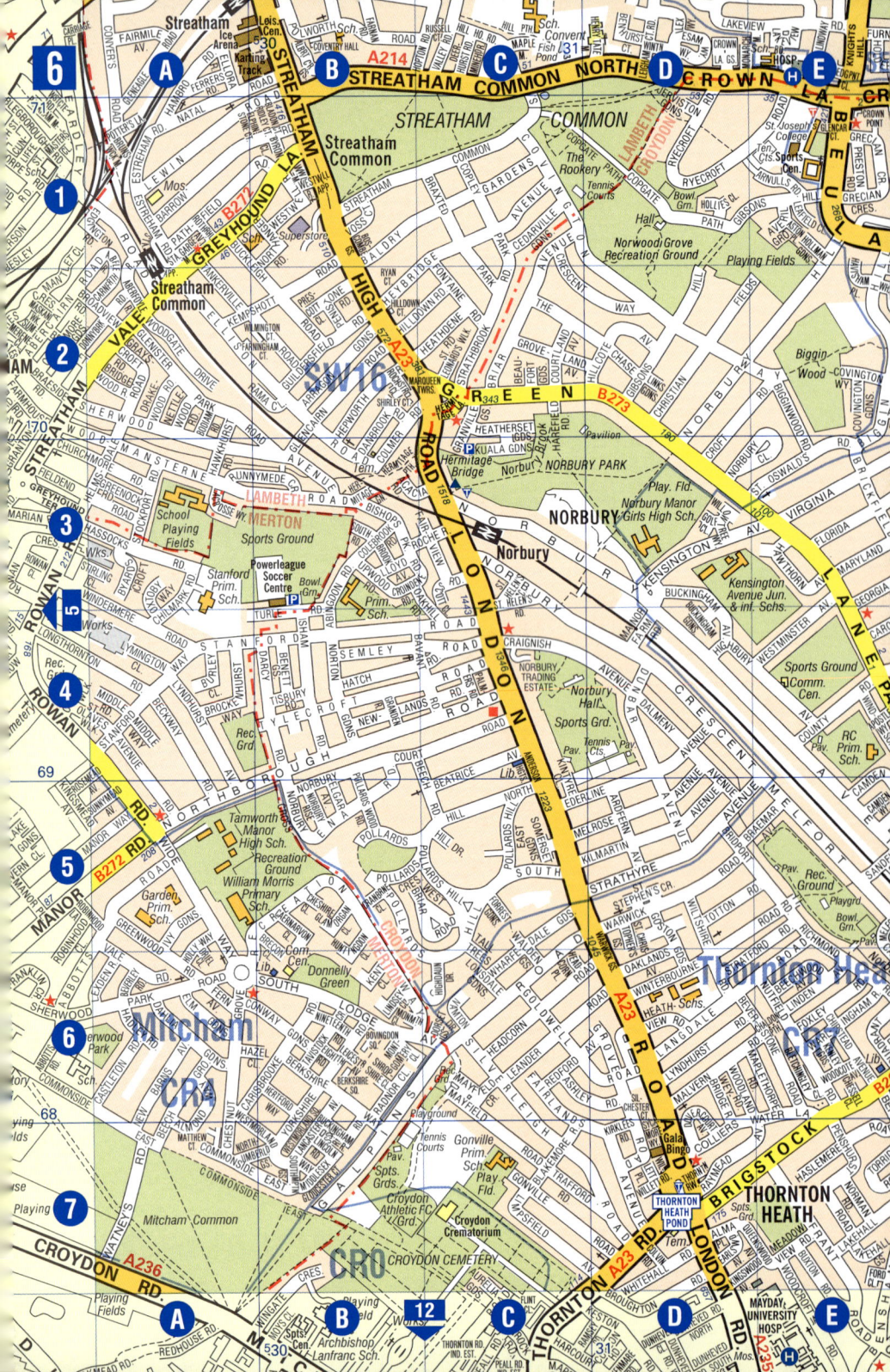

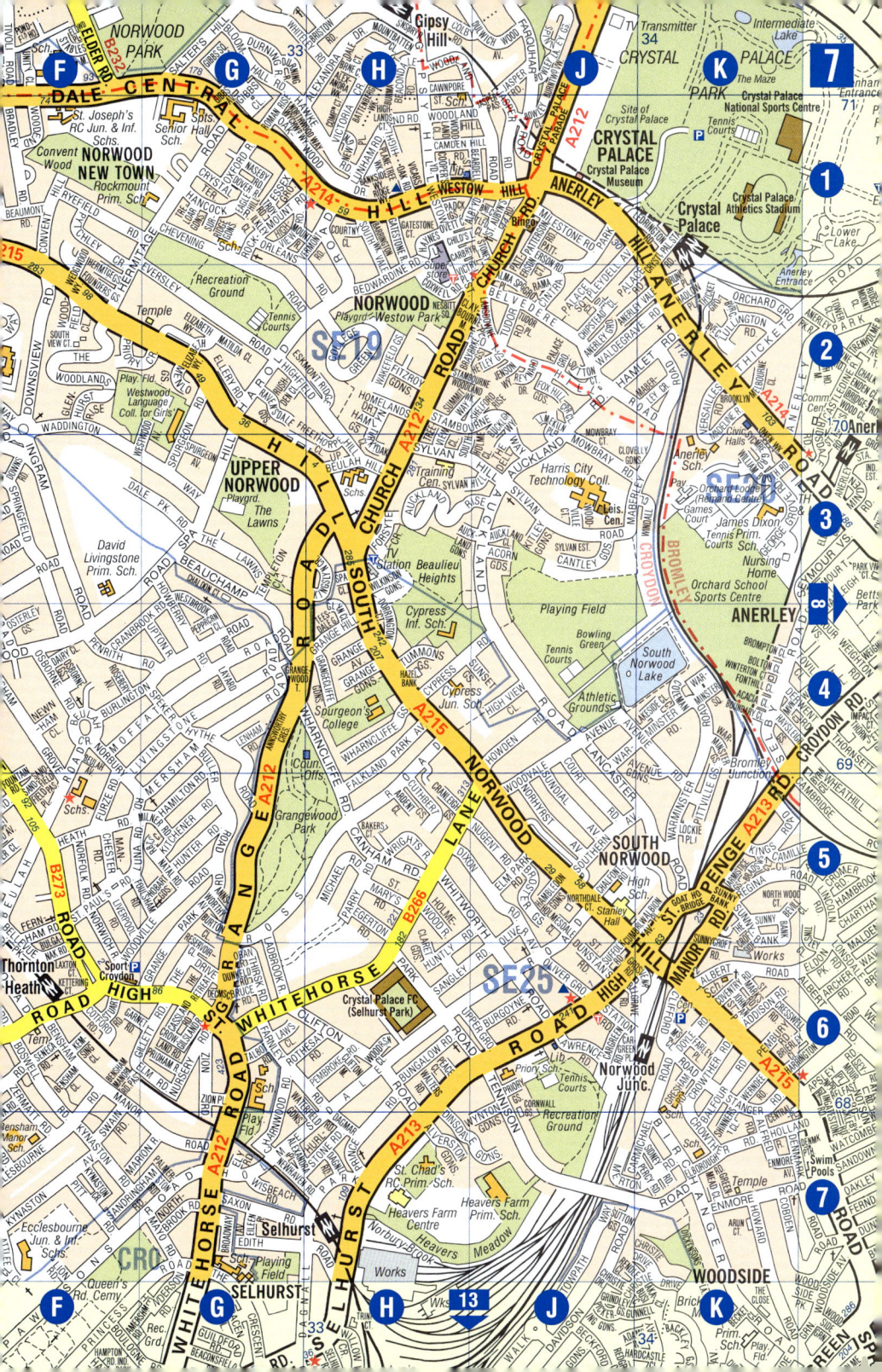

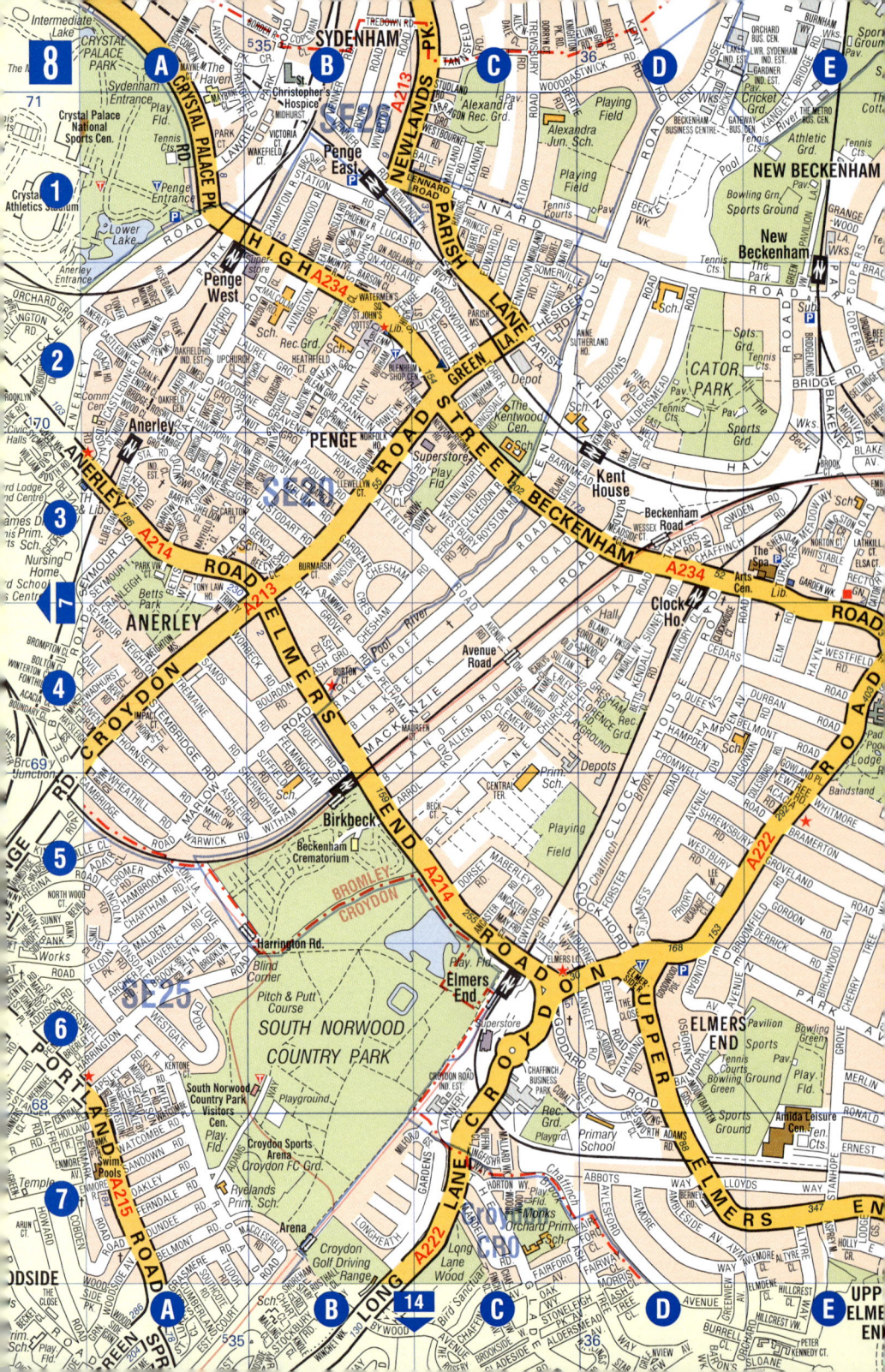

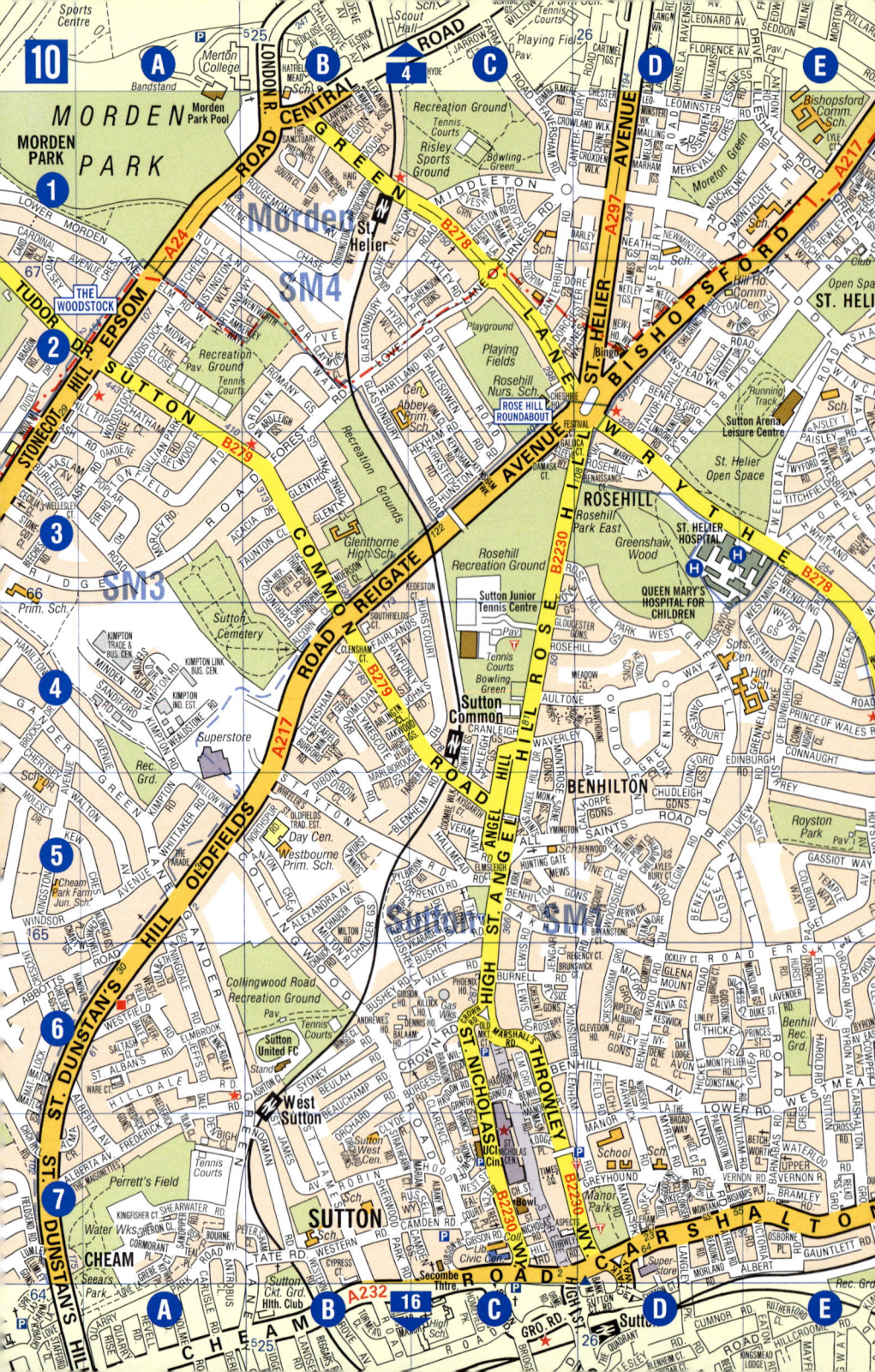

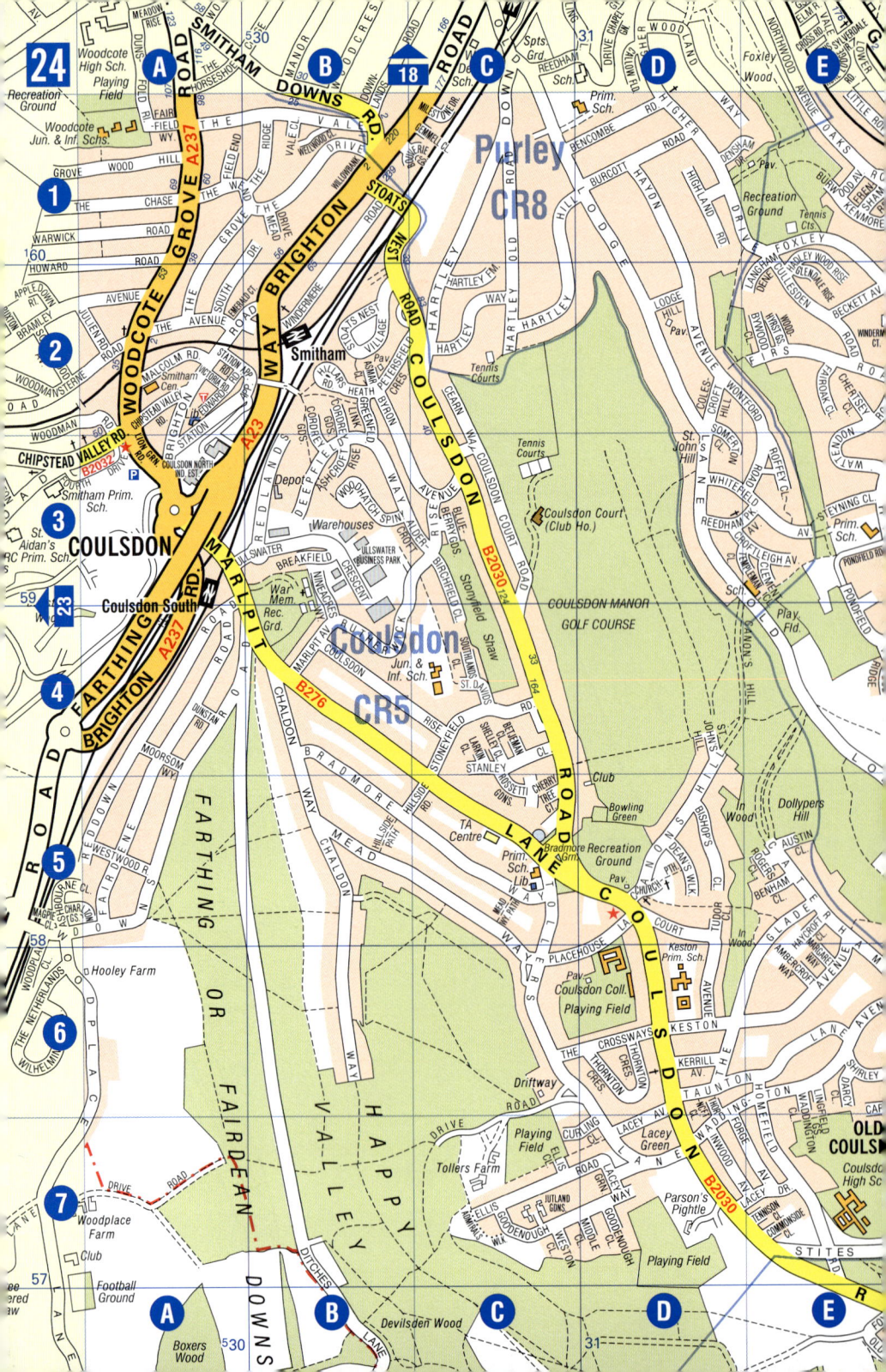

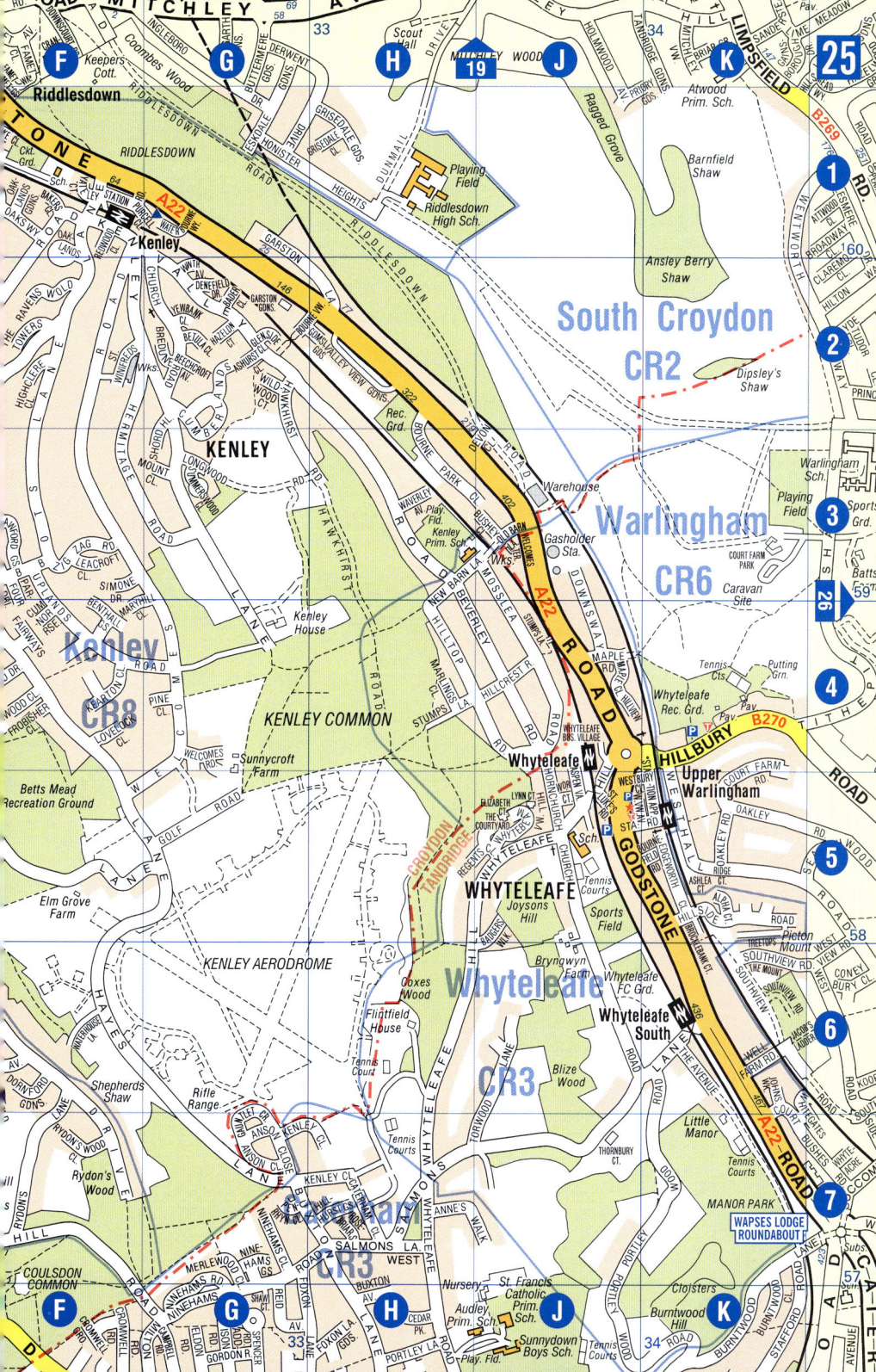

INDEX

Including Streets, Places & Areas, Hospitals & Hospices, Industrial Estates,
Selected Flats & Walkways, Junction Names, Stations and Selected Places of Interest.

HOW TO USE THIS INDEX

1. Each street name is followed by its Postcode District and then by its Locality abbreviation(s) and then by its map reference;
e.g. **Abbey Pk.** BR3: Beck . . . . .2F **9** is in the BR3 Postcode District and the Beckenham Locality and is to be found in square 2F on page **9**. The page number is shown in bold type.

2. A strict alphabetical order is followed in which Av., Rd., St., etc. (though abbreviated) are read in full and as part of the street name;
e.g. **Abbotsleigh Cl.** appears after **Abbots La.** but before **Abbots Way**.

3. Streets and a selection of flats and walkways too small to be shown on the maps, appear in the index with the thoroughfare to which it is connected shown in brackets; e.g. **Abbey Pde.** *SW19* . . . .2D **4** (*off Merton High St.*)

4. Addresses that are in more than one part are referred to as not continuous.

5. Places and areas are shown in the index in BLUE TYPE and the map reference is to the actual map square in which the town centre or area is located and not to the place name shown on the map; e.g. BANSTEAD 2B **22**

6. An example of a selected place of interest is Crystal Palace Mus. 1J **7**

7. An example of a station is Banstead Station (Rail) . . . .1A **22**. Included are Rail (**Rail**), Croydon Tramlink (**CT**) and Underground (**Tube**)

8. Junction names are shown in the index in BOLD CAPITAL TYPE; e.g. CHEAM VILLAGE 1A **16**

9. An example of a hospital is BECKENHAM HOSPITAL 4E **8**

10. Map references for entries that appear on large scale page **28** are shown first, with small scale map references shown in brackets;
e.g. **Abbey Rd.** CR0: Croy 4A **28** (5E **12**)

GENERAL ABBREVIATIONS

All. : Alley	**Ent.** : Enterprise	**Lwr.** : Lower	**Shop.** : Shopping
App. : Approach	**Est.** : Estate	**Mnr.** : Manor	**Sth.** : South
Av. : Avenue	**Fld.** : Field	**Mans.** : Mansions	**Sq.** : Square
Bri. : Bridge	**Flds.** : Fields	**Mkt.** : Market	**Sta.** : Station
Bus. : Business	**Gdn.** : Garden	**Mdw.** : Meadow	**St.** : Street
Cvn. : Caravan	**Gdns.** : Gardens	**Mdws.** : Meadows	**Ter.** : Terrace
Cen. : Centre	**Gth.** : Garth	**M.** : Mews	**Twr.** : Tower
Chu. : Church	**Ga.** : Gate	**Mt.** : Mount	**Trad.** : Trading
Cl. : Close	**Gt.** : Great	**Mus.** : Museum	**Up.** : Upper
Comn. : Common	**Grn.** : Green	**Nth.** : North	**Va.** : Vale
Cnr. : Corner	**Gro.** : Grove	**Pal.** : Palace	**Vw.** : View
Cott. : Cottage	**Hgts.** : Heights	**Pde.** : Parade	**Vs.** : Villas
Cotts. : Cottages	**Ho.** : House	**Pk.** : Park	**Vis.** : Visitors
Ct. : Court	**Ho's.** : Houses	**Pas.** : Passage	**Wlk.** : Walk
Cres. : Crescent	**Ind.** : Industrial	**Pl.** : Place	**W.** : West
Cft. : Croft	**Info.** : Information	**Ri.** : Rise	**Yd.** : Yard
Dr. : Drive	**La.** : Lane	**Rd.** : Road	
E. : East	**Lit.** : Little	**Rdbt.** : Roundabout	

LOCALITY ABBREVIATIONS

Addtn : **Addington**	**Cheam** : **Cheam**	**Mitc** : **Mitcham**	**Tad** : **Tadworth**
Bans : **Banstead**	**Chip** : **Chipstead**	**Mord** : **Morden**	**Thor H** : **Thornton Heath**
Beck : **Beckenham**	**Coul** : **Coulsdon**	**New Ad** : **New Addington**	**Wadd** : **Waddon**
Bedd : **Beddington**	**Croy** : **Croydon**	**Purl** : **Purley**	**Wall** : **Wallington**
Big H : **Biggin Hill**	**Hayes** : **Hayes**	**Sand** : **Sanderstead**	**Warl** : **Warlingham**
Brom : **Bromley**	**Kenl** : **Kenley**	**Sels** : **Selsdon**	**W W'ck** : **West Wickham**
Cars : **Carshalton**	**Kes** : **Keston**	**S Croy** : **South Croydon**	**Whyt** : **Whyteleafe**
Cat'm : **Caterham**	**Kgswd** : **Kingswood**	**Sutt** : **Sutton**	**Wold** : **Woldingham**

A

Abbeyfield Cl. CR4: Mitc 4F **5**
Abbey Ind. Est. CR4: Mitc 7G **5**
Abbey La. BR3: Beck 2F **9**
Abbey Pde. *SW19* 2D **4**
    (*off Merton High St.*)
Abbey Pk. BR3: Beck 2F **9**
Abbey Rd. CR0: Croy . . .4A **28** (5E **12**)
  CR2: Sels 4C **20**
  SW19 . . . . .2D **4**
Abbotsbury Rd. BR2: Hayes . . .4K **15**
  SM4: Mord 7C **4**
Abbots Grn. CR0: Addtn 1C **20**
Abbots La. CR8: Kenl 3F **25**
Abbotsleigh Cl. SM2: Sutt 2C **16**
Abbots Way BR3: Beck 7D **8**
Abbotts Rd. CR4: Mitc 6K **5**
  (not continuous)
  SM3: Cheam 6A **10**
Abercairn Rd. SW16 . . . . .2K **5**
Aberconway Rd. SM4: Mord 6C **4**
Abercorn Cl. CR2: Sels 7C **20**

Aberdare Cl. BR4: W W'ck 4H **15**
Aberdeen Rd.
  CR0: Croy 7C **28** (6F **13**)
Aberfoyle Rd. SW16 . . . . .1A **6**
  (not continuous)
Abingdon Cl. SW19 . . . . .1D **4**
Abingdon Rd. SW16 . . . . .4B **6**
Abinger Ct. CR0: New Ad 1H **21**
  SM6: Wall 7B **12**
Abinger Ct. *SM6: Wall* 7B **12**
  (*off Abinger Cl.*)
Acacia Cl. SE20 . . . . .4K **7**
Acacia Dr. SM3: Sutt 3A **10**
Acacia Gdns.
  BR4: W W'ck 4H **15**
Acacia Rd. BR3: Beck 5E **8**
  CR4: Mitc 4H **5**
  SW16 . . . . .3B **6**
Academy Gdns. CR0: Croy 3J **13**
Acorn Cl. SE19 . . . . .3J **7**
Acorn Way BR3: Beck 7H **9**
Acre La. SM5: Cars 6H **11**
  SM6: Wall 6H **11**
Acre Rd. SW19 . . . . .1E **4**

Adair Cl. SE25 . . . . .5A **8**
Adamson Way BR3: Beck 7H **9**
Adams Rd. BR3: Beck 7D **8**
Adams Way CR0: Croy 1J **13**
  SE25 . . . . .7A **8**
ADDINGTON 7F **15**
Addington Bus. Cen.
  CR0: New Ad 4K **21**
Addington Hgts.
  CR0: New Ad 5H **21**
Addington Rd. BR4: W W'ck . . .6H **15**
  CR0: Croy 3D **12**
  CR2: Sand, Sels 5K **19**
Addington Village Rd.
  CR0: Addtn 2F **21**
  (not continuous)
Addington Village Stop (CT) . . .1F **21**
ADDISCOMBE 3K **13**
Addiscombe Av. CR0: Croy 3K **13**
Addiscombe Ct. Rd.
  CR0: Croy 3H **13**
Addiscombe Gro.
  CR0: Croy 3E **28** (4H **13**)
Addiscombe Rd. CR0: Croy 4H **13**

Addiscombe Stop (CT) 3K **13**
Addison Pl. SE25 . . . . .6K **7**
Addison Rd. CR3: Cat'm 7G **25**
  SE25 . . . . .6K **7**
Addisons Cl. CR0: Croy 4E **14**
Adelaide Ct. BR3: Beck 2E **8**
Admiral Ct. SM5: Cars 3F **11**
Admirals Wlk. CR5: Coul 7C **24**
Ainsworth Rd.
  CR0: Croy 2A **28** (3E **12**)
Airbourne Ho. *SM6: Wall* 6K **11**
  (*off Maldon Rd.*)
Aitken Cl. CR4: Mitc 2G **11**
Akabusi Cl. CR0: Croy 1K **13**
Albany M. SM1: Sutt 7C **10**
Albatross Gdns. CR2: Sels 5C **20**
Albemarle Pk. BR3: Beck 3G **9**
Albemarle Rd. BR3: Beck 3G **9**
Alberta Av. SM1: Sutt 6A **10**
Albert Carr Gdns. SW16 . . . . . . .1B **6**
Albert Mans. CR0: Croy 1E **28**
Albert Rd. CR4: Mitc 5G **5**
  CR6: Warl 4E **26**
  SE20 . . . . .1C **8**

A-Z Croydon 29

Albert Rd.—Banbury Ct.

Street	Location
Albert Rd. SE25	6K 7
SM1: Sutt	7E 10
Albert Yd. SE19	1H 7
Albion Ct. SM2: Sutt	2E 16
Albion Pl. SE25	5K 7
Albion Rd. SM2: Sutt	1E 16
Albion St. CR0: Croy	1A 28 (3E 12)
Albury Ct. CR2: S Croy	7B 28
CR4: Mitc	4E 4
SM1: Sutt	6D 10
Alcester Ct. SM6: Wall	6J 11
Alcester Rd. SM6: Wall	6J 11
Alcock Cl. SM6: Wall	2A 18
Alcorn Cl. SM3: Sutt	4B 10
Alden Ct. CR0: Croy	4E 28 (5H 15)
Aldercroft CR5: Coul	3C 24
Alders, The BR4: W W'ck	3G 15
Aldersmead Av. CR0: Croy	1C 14
Aldersmead Rd. BR3: Beck	2D 8
Alderton Rd. CR0: Croy	2J 13
Aldis M. SW17	1F 5
Aldis St. SW17	1F 5
Aldrich Cres. CR0: New Ad	3H 21
Aldrich Gdns. SM3: Cheam	5A 10
Aldwick Rd. CR0: Bedd	5C 12
Alexa Ct. SM2: Sutt	1B 16
Alexander Ct. BR3: Beck	3J 9
Alexander Rd. CR5: Coul	2J 23
Alexandra Av. CR6: Warl	4E 26
SM1: Sutt	5B 10
Alexandra Cres. BR1: Brom	1K 9
Alexandra Dr. SE19	1H 7
Alexandra Gdns. SM5: Cars	2H 17
Alexandra M. SW1	1A 4
Alexandra Pl. CR0: Croy	3H 13
SE25	7G 7
Alexandra Rd. CR0: Croy	3H 13
CR4: Mitc	2F 5
CR6: Warl	4E 26
SE26	1C 8
SW19	1A 4
Alexandra Sq. SM4: Mord	7B 4
Alexandra Wlk. SE19	1H 7
Alford Grn. CR0: New Ad	1J 21
Alfred Rd. SE25	7K 7
SM1: Sutt	7D 10
Alfriston Av. CR0: Croy	2B 12
Alington Gro. SM6: Wall	3K 17
Alison Cl. CR0: Croy	3C 14
Allder Way CR2: S Croy	2E 18
Allenby Av. CR2: S Croy	3F 19
Allen Cl. CR4: Mitc	3J 5
Allendale Cl. SE26	1C 8
Allen Rd. BR3: Beck	4C 8
CR0: Croy	3D 12
All Saints Dr. CR2: Sand	6J 19
All Saints Rd. SM1: Sutt	5C 10
SW19	2D 4
(not continuous)	
Alma Cres. SM1: Sutt	7A 10
Alma Pl. CR7: Thor H	7D 6
SE19	2J 7
Alma Rd. SM5: Cars	7F 11
Almond Av. SM5: Cars	4G 11
Almond Way CR4: Mitc	7A 6
Alnwick Gro. SM4: Mord	6C 4
Alphabet Gdns. SM5: Cars	1E 10
Alpha Cl. CR3: Whyt	5K 25
Alpha Rd. CR0: Croy	3H 13
Alphea Cl. SW19	2F 5
Alpine Cl. CR0: Croy	5H 13
Alpine Vw. SM5: Cars	7F 11
Alt Gro. SW19	2A 4
Alton Gdns. BR3: Beck	2F 9
Alton Rd. CR0: Wadd	5D 12
Altyre Cl. BR3: Beck	7E 8
Altyre Rd. CR0: Croy	3E 28 (4G 13)
Altyre Way BR3: Beck	7E 8
Alverston Gdns. SE25	7H 7
Alvia Gdns. SM1: Sutt	6D 10
Alwyn Cl. CR0: New Ad	2G 21
Alwyne Rd. SW19	1A 4
Ambercroft Way CR5: Coul	6E 24
Amberley Ct. BR3: Beck	2E 8
Amberley Gro. CR0: Croy	2J 13
Amberley Way SM4: Mord	2A 10
Amberwood Cl. SM6: Wall	7B 12
Ambleside BR1: Brom	1J 9
Ambleside Av. BR3: Beck	7D 8
Ambleside Gdns. CR2: Sels	3C 20
SM2: Sutt	1D 16

Street	Location
Ambrey Way SM6: Wall	3A 18
Amen Cnr. SW17	1G 5
Amersham Rd. CR0: Croy	1F 13
AMF Bowling Purley	7C 18
Amida Leisure Cen.	7E 8
Ampere Way CR0: Wadd	2B 12
Ampere Way Stop (CT)	3C 12
Amy Cl. SM6: Wall	2B 18
Ancaster M. BR3: Beck	5C 8
Ancaster Rd. BR3: Beck	5C 8
Anchorage Cl. SW19	1B 4
Anchor Bus. Cen. CR0: Bedd	5B 12
Anderson Cl. SM3: Sutt	3B 10
Anderson Hgts. SW16	4C 6
Andreck Ct. BR3: Beck	4H 9
(off Crescent Rd.)	
Andrewes Ho. SM1: Sutt	6B 10
Andrew's Ho. CR2: S Croy	1F 19
ANERLEY	4A 8
Anerley Gro. SE19	2J 7
Anerley Hill SE19	1J 7
Anerley Pk. SE20	2K 7
Anerley Pk. Rd. SE20	2A 8
Anerley Rd. SE19	2K 7
SE20	2K 7
Anerley Station (Rail)	3A 8
Anerley Sta. Rd. SE20	3A 8
Anerley Va. SE19	2J 7
Angel Hill SM1: Sutt	5C 10
(not continuous)	
Angel Hill Dr. SM1: Sutt	5C 10
Angelica Gdns. CR0: Croy	3C 14
Anglesey Ct. Rd. SM5: Cars	1H 17
Anglesey Gdns. SM5: Cars	1H 17
Annandale Rd. CR0: Croy	4K 13
Annan Dr. SM5: Cars	3H 17
Annesley Dr. CR0: Croy	5E 14
Anne Sutherland Ho. BR3: Beck	2D 8
Anne's Wlk. CR3: Cat'm	7H 25
Annsworthy Av. CR7: Thor H	5G 7
Annsworthy Cres. SE25	4G 7
Ansell Gro. SM5: Cars	3H 11
Anselm Cl. CR0: Croy	5J 13
Ansley Cl. CR2: Sand	1A 26
Anson Cl. CR8: Kenl	7G 25
Anthony Rd. SE25	1K 13
Anton Cres. SM1: Sutt	5B 10
Antrobus Cl. SM1: Sutt	7A 10
Anvil Ct. SW16	2K 5
Apeldoorn Dr. SM6: Wall	3B 18
Apex Cl. BR3: Beck	3G 9
Apostle Way CR7: Thor H	4E 6
Appledown Ri. CR5: Coul	2K 23
Applegarth CR0: New Ad	2G 21
(not continuous)	
Appleton Sq. CR4: Mitc	3F 5
Appletree Cl. SE20	3A 8
Approach Rd. CR8: Purl	6D 18
Apsley Rd. SE25	6A 8
Aragon Cl. CR0: New Ad	4K 21
Aragon Rd. SM4: Mord	2A 10
Arbor Cl. BR3: Beck	4G 9
Arcade CR0: Croy	3C 28 (4F 13)
Arcade, The CR0: Croy	4C 28
Arcadia Cl. SM5: Cars	6H 11
Archbishop Lanfranc School Sports Cen.	1B 12
Archer Rd. SE25	6A 8
Archers Ct. CR2: S Croy	7B 28
Archway Cl. SM6: Bedd	5A 12
Ardent Ct. SE25	5H 7
Ardfern Av. SW16	5D 6
Ardingly Cl. CR0: Croy	5C 14
Ardleigh Gdns. SM3: Sutt	2B 10
Arena Stop (CT)	7B 8
Arkell Gro. SE19	2E 6
Arkwright Rd. CR2: Sand	4J 19
Arlington Cl. SM1: Sutt	4B 10
Arlington Dr. SM5: Cars	4G 11
Armfield Cres. CR4: Mitc	4G 5
Armitage Gdns. SE25	5K 7
Arneys La. CR4: Mitc	1H 11
Arnhem Dr. CR0: New Ad	5J 21
Arnold Rd. SW17	2G 5
Arnulls Rd. SW16	1E 6
Arpley Sq. SE20	3A 8
(off High St.)	

Street	Location
Arragon Gdns. BR4: W W'ck	5G 15
SW16	2B 6
Arran Cl. SM6: Wall	6J 11
Arras Av. SM4: Mord	7D 4
Arrol Rd. BR3: Beck	5B 8
Arthur Ct. CR0: Croy	4E 28
Arun Ct. SE25	7K 7
Arundel Av. CR2: Sand	4K 19
SM4: Mord	6A 4
Arundel Cl. CR0: Wadd	5E 12
Arundel Ct. BR2: Brom	4K 9
Arundel Ho. CR0: Croy	7D 28
Arundel Rd. CR0: Croy	1G 13
SM2: Cheam	2A 16
Aschurch Rd. CR0: Croy	2J 13
Ascot M. SM6: Wall	3K 17
Ascot Rd. SW17	1H 5
Ashbourne Cl. CR5: Coul	5K 23
Ashbourne Rd. CR4: Mitc	2H 5
Ashbourne Ter. SW19	2A 4
Ashburnham Ct. BR3: Beck	4H 9
Ashburton Av. CR0: Croy	3A 14
Ashburton Ct. CR0: Croy	3A 14
Ashburton Gdns. CR0: Croy	4K 13
Ashburton Memorial Homes CR0: Croy	2A 14
Ashburton Rd. CR0: Croy	4K 13
Ashbury Pl. SW19	1D 4
Ashby Wlk. CR0: Croy	1F 13
Ash Cl. SE20	4B 8
SM5: Cars	4G 11
Ashcombe Rd. SM5: Cars	1H 17
SW19	1B 4
Ash Ct. SW19	2A 4
Ashcroft Ri. CR5: Coul	3B 24
Ashcroft Theatre	4D 28
Ashdown Ct. BR3: Beck	4G 9
Ashdown Ct. SM2: Sutt	1D 16
Ashdown Gdns. CR2: Sand	2A 26
Ashen Va. CR2: Sels	3C 20
Ashfield Cl. BR3: Beck	2F 9
Ash Gro. BR4: W W'ck	4H 15
SE20	4B 8
Ashgrove Rd. BR1: Brom	1J 9
Ashlea Ct. CR6: Warl	5K 25
Ashleigh Gdns. SM1: Sutt	4C 10
Ashleigh Rd. SE20	5A 8
Ashley Av. SM4: Mord	7B 4
Ashley Dr. SM7: Bans	1B 22
Ashley La. CR0: Wadd	7A 28 (6E 12)
Ashley Rd. CR7: Thor H	6C 6
SW19	1C 4
Ashling Rd. CR0: Croy	3K 13
Ashmere Av. BR3: Beck	4J 9
Ashridge Way SM4: Mord	5A 4
Ash Rd. CR0: Croy	4F 15
SM3: Sutt	2A 10
Ashton Cl. SM1: Sutt	6B 10
Ashtree Av. CR4: Mitc	1E 4
Ash Tree Cl. CR0: Croy	1D 14
Ash Tree Way CR0: Croy	7C 8
Ashurst Cl. CR8: Kenl	2G 25
SE20	3A 8
Ashurst Wlk. CR0: Croy	4A 14
Ashwood CR6: Warl	7B 26
Ashwood Gdns. CR0: New Ad	1H 21
Ashworth Est. CR0: Bedd	3B 12
Asmar Cl. CR5: Coul	2B 24
Aspects SM1: Sutt	7C 10
Aspen Gdns. CR4: Mitc	7H 5
Aspen Ho. CR6: Warl	2G 27
Aspen Va. CR3: Whyt	5J 25
Asprey M. BR3: Beck	7E 8
Assembly Wlk. SM5: Cars	2F 11
Aston Pl. SW16	1E 6
Astoria Ct. CR8: Purl	5E 18
(off High St.)	
Atalanta Cl. CR8: Purl	4D 18
Atkins Dr. BR4: W W'ck	4J 15
Attlee Cl. CR7: Thor H	7F 7
Attwood Cl. CR2: Sand	1A 26
Auckland Cl. SE19	3J 7
Auckland Gdns. SE19	3H 7
Auckland Ri. SE19	3H 7
Auckland Rd. SE19	3J 7
Audley Dr. CR6: Warl	2B 26
Audley Pl. SM2: Sutt	2C 16
Audrey Cl. BR3: Beck	1G 15

Street	Location
Aultone Way SM1: Sutt	4C 10
SM5: Cars	5G 11
Aultone Yd. Ind. Est. SM5: Cars	5G 11
Aurelia Gdns. CR0: Croy	7C 6
Aurelia Rd. CR0: Croy	1B 12
Austin Cl. CR5: Coul	5E 24
Autumn Cl. SW19	1D 4
Autumn Dr. SM2: Sutt	3C 16
Autumn Lodge CR0: Croy	6H 13
(off South Pk. Hill Rd.)	
Avalon Cl. SW20	4A 4
Avarn Rd. SW17	1G 5
Avebury Rd. SW19	3A 4
Aveling Cl. CR8: Purl	7C 18
Avenue, The BR3: Beck	3G 9
(not continuous)	
BR4: W W'ck	2H 15
CR0: Croy	5H 13
CR3: Whyt	6K 25
CR5: Coul	2A 24
SM2: Cheam	4A 16
SM5: Cars	2H 17
Avenue Gdns. SE25	4K 7
Avenue Rd. BR3: Beck	4C 8
SE20	3B 8
SE25	4J 7
SM2: Sutt	4B 16
SM6: Wall	2K 17
SM7: Bans	2C 22
SW16	4A 6
Avenue Road Stop (CT)	4C 8
Averil Gro. SW16	1E 6
Aviemore Cl. BR3: Beck	7E 8
Aviemore Way BR3: Beck	7D 8
Avington Gro. SE20	2B 8
Avon Cl. SM1: Sutt	6D 10
Avondale Ct. SM2: Sutt	2D 16
(off Brighton Rd.)	
Avondale Rd. BR1: Brom	1K 9
CR2: S Croy	1F 19
Avon Path CR2: S Croy	1F 19
Avro Way SM6: Wall	2B 18
Aylesbury Cl. SM1: Sutt	5D 10
Aylesford Av. BR3: Beck	7D 8
Aylett Rd. SE25	6A 8
Aylward Rd. SW20	4A 4
Aysgarth Ct. SM1: Sutt	5C 10

B

Street	Location
Backley Gdns. SE25	1K 13
Bader Cl. CR8: Kenl	2G 25
Badgers Hole CR0: Croy	6C 14
Badgers La. CR6: Warl	7B 26
Badgers Wlk. CR3: Whyt	5J 25
CR8: Purl	5K 17
Bailey Pl. SE26	1C 8
Baines Cl. CR2: S Croy	7G 13
Baker Boy La. CR6: Sels	7D 20
Baker La. CR4: Mitc	4H 5
Bakers Cl. CR8: Kenl	1F 25
Bakers Ct. SE25	5H 7
Bakers End SW20	4A 4
Bakers Gdns. SM5: Cars	4F 11
Balaam Ho. SM1: Sutt	6B 10
Baldry Gdns. SW16	1B 6
Balfont Cl. CR2: Sand	7K 19
Balfour Rd. SE25	7K 7
SM5: Cars	2G 17
SW19	2C 4
Balgowan Rd. BR3: Beck	5D 8
Ballantyne Dr. KT20: Kgswd	7A 22
Ballards Farm Rd. CR0: Croy	1A 20
CR2: S Croy	1K 19
Ballards Grn. KT20: Tad	6A 22
Ballards Ri. CR2: Sels	1K 19
Ballards Way CR0: Sels	1K 19
CR2: Sels	1K 19
Ballater Rd. CR2: S Croy	7J 13
Balmoral Av. BR3: Beck	6D 8
Balmoral Ct. BR3: Beck	3H 9
(off The Avenue)	
SM2: Sutt	2B 16
Balmoral Gdns. CR2: Sand	4G 19
Balmoral Way SM2: Sutt	4B 16
Baltic Cl. SW19	2E 4
Bampfylde Cl. SM6: Wall	5K 11
Banavie Gdns. BR3: Beck	3H 9
Banbury Ct. SM2: Sutt	2B 16

30 A-Z Croydon

Bandonhill—Blakemore Rd.

BANDONHILL 7A 12
Bandon Ri. SM6: Wall 7A 12
Banfor Ct. SM6: Wall 7K 11
Bank Av. CR4: Mitc 4E 4
Bank M. SM1: Sutt 1D 16
Bankside CR2: S Croy 1J 19
Bankside Cl. SM5: Cars 1F 17
Bankside Way SE19 . . . . 1H 7
BANSTEAD 2B 22
Banstead Rd. CR8: Purl 5D 18
SM5: Cars 3E 16
SM7: Bans 7A 16
Banstead Rd. Sth. SM2: Sutt . . . 5D 16
Banstead Station (Rail) 1A 22
Banstead Way SM6: Wall 7B 12
Barclay Rd.
CR0: Croy 4D 28 (5G 13)
Bardney Rd. SM4: Mord 6C 4
Bardolph Av. CR0: Sels 3D 20
Bardsley Cl. CR0: Croy 5J 13
Barfreston Way SE20 . . . . 3A 8
Bargrove Cl. SE20 . . . . 2K 7
Barham Ct. CR2: S Croy 7C 28
Barham Rd.
CR2: S Croy 7C 28 (6F 13)
Baring Rd. CR0: Croy 3K 13
Barlow Cl. SM6: Wall 1B 18
Barmouth Rd. CR0: Croy 4C 14
Barnard Cl. SM6: Wall 2A 18
Barnard Rd. CR4: Mitc 5H 5
CR6: Warl 6G 27
Barnards Pl. CR2: S Croy 3E 18
Barn Cl. SM7: Bans 2E 22
(not continuous)
Barn Cres. CR8: Purl 7G 19
Barnfield SM7: Bans 1C 22
Barnfield Av. CR0: Croy 4B 14
CR4: Mitc 6J 5
Barnfield Cl. CR5: Coul 6F 25
Barnfield Rd. CR2: Sand 3H 19
Barnfield Wood Cl.
BR3: Beck 1J 15
Barnfield Wood Rd.
BR3: Beck 1J 15
Barnmead Rd. BR3: Beck 3C 8
Baron Cl. SM2: Sutt 4C 16
Baron Gro. CR4: Mitc 6F 5
Baron Ho. SW19 . . . . 3E 4
Barons Ct. SM6: Bedd 5A 12
Baron's Wlk. CR0: Croy 1D 14
Baron Wlk. CR4: Mitc 6F 5
Barrie Cl. CR5: Coul 3K 23
Barrington Rd. CR8: Purl 6K 17
SM3: Sutt 4B 10
Barrington Wlk. SE19 . . . . 1H 7
Barrow Av. SM5: Cars 2G 17
Barrow Hedges Cl.
SM5: Cars 2F 17
Barrow Hedges Way
SM5: Cars 2F 17
Barrow Rd. CR0: Wadd 7D 12
SW16 . . . . 1A 6
Barrowsfield CR2: Sand 6J 19
Barson Cl. SE20 . . . . 2B 8
Bartlett St. CR2: S Croy 7G 13
Barts Cl. BR3: Beck 7F 9
Barwood Av. BR4: W W'ck 3G 15
Basildon Cl. SM2: Sutt 3C 16
Basil Gdns. CR0: Croy 3C 14
Basinghall Gdns. SM2: Sutt . . . 3C 16
Basing Rd. SM7: Bans 1A 22
Bassett Cl. SM2: Sutt 3C 16
Bates Cres. CR0: Wadd 7D 12
SW16 . . . . 2K 5
Bath Ho. Rd. CR0: Bedd 3B 12
Bathurst Av. SW19 . . . . 3C 4
Batley Cl. CR4: Mitc 2G 11
Batsworth Rd. CR4: Mitc 5E 4
Battenberg Wlk. SE19 . . . . 1H 7
Battle Cl. SW19 . . . . 1D 4
Bavant Rd. SW16 . . . . 4B 6
Bawtree Cl. SM2: Sutt 4D 16
Bayards CR6: Warl 5B 26
Bayham Rd. SM4: Mord 6C 4
Beacon Gro. SM5: Cars 6H 11
Beacon Pl. CR0: Bedd 5B 12
Beaconsfield Rd. CR0: Croy . . . 1G 13
Beadlow Cl. SM5: Cars 1E 10
Beaford Gro. SW20 . . . . 5A 4
Beardell St. SE19 . . . . 1J 7
Bearsted Ter. BR3: Beck 3F 9
Beatrice Av. SW16 . . . . 5C 6
Beauchamp Rd. SE19 . . . . 3G 7
SM1: Sutt 6B 10
Beauclere Ho. SM2: Sutt 1D 16
Beaufort Gdns. SW16 . . . . 2C 6
Beaulieu Cl. CR4: Mitc 3H 5
Beaumont Rd. CR8: Purl 7D 18
SE19 . . . . 1F 7
Beaver Cl. SE20 . . . . 2K 7
Beaver Ct. BR3: Beck 2G 9
Beck Ct. BR3: Beck 5C 8
BECKENHAM 3F 9
Beckenham Bus. Cen.
BR3: Beck 1D 8
Beckenham Crematorium
BR3: Beck 5B 8
Beckenham Gro. BR2: Brom 4J 9
Beckenham Hill Est.
BR3: Beck 1G 9
Beckenham Hill Rd.
BR3: Beck 1G 9
BECKENHAM HOSPITAL 4E 8
Beckenham Junction Station
(Rail & CT) 3F 9
Beckenham La. BR2: Brom 4K 9
Beckenham Pl. Pk. BR3: Beck . . . 2G 9
Beckenham Rd. BR3: Beck 3C 8
BR4: W W'ck 2G 15
Beckenham Road Stop (CT) 3D 8
Beckenham Theatre Cen., The
. . . . 4G 9
Beckenshaw Gdns.
SM7: Bans 2F 23
Becket Cl. SE25 . . . . 1K 13
SW19 . . . . 3C 4
(off High Path)
Beckett Av. CR8: Kenl 2E 24
Beckett Wlk. BR3: Beck 1D 8
Beckford Rd. CR0: Croy 1J 13
Beck La. BR3: Beck 5C 8
Beck River Pk. BR3: Beck 3F 9
Beck Rd. CR4: Mitc 1G 11
Beck Way BR3: Beck 5E 8
Beckway Rd. SW16 . . . . 4A 6
Beclands Rd. SW17 . . . . 1H 5
Becondale Rd. SE19 . . . . 1H 7
BEDDINGTON 6B 12
BEDDINGTON CORNER 2H 11
Beddington Cross CR0: Bedd . . 2A 12
Beddington Farm Rd.
CR0: Bedd 2B 12
Beddington Gdns. SM5: Cars . . 1H 17
SM6: Wall 1J 17
Beddington Gro. SM6: Wall . . . 7A 12
Beddington La. CR0: Croy 7K 5
Beddington Lane Stop (CT) . . . 1K 11
Beddington Pk. 4J 11
Beddington Pk. Cotts.
SM6: Bedd 5A 12
Beddington Ter. CR0: Croy 2C 12
Beddington Trad. Est.
CR0: Bedd 3B 12
Bedfont Cl. CR4: Mitc 4H 5
Bedford Ct. *CR0: Croy 3F 13*
(off Tavistock Rd.)
Bedford Pk.
CR0: Croy 1C 28 (3F 13)
Bedford Pl.
CR0: Croy 1D 28 (3G 13)
Bedford Ter. SM2: Sutt 1D 16
Bedlow Way CR0: Bedd 6C 12
Bedser Cl. CR7: Thor H 5F 7
Bedwardine Rd. SE19 . . . . 2H 7
Beech Av. CR2: Sand 5G 19
Beech Cl. SM5: Cars 4G 11
Beech Copse CR2: S Croy 7H 13
Beech Ct. BR3: Beck 2E 8
Beechcroft Av. CR8: Kenl 2G 25
Beechcroft Lodge SM2: Sutt . . . 2D 16
Beeches, The *CR2: S Croy 7G 13*
(off Blunt Rd.)
SM7: Bans 3C 22
Beeches Av. SM5: Cars 2F 17
Beeches Cl. SE20 . . . . 3B 8
Beeches Rd. SM3: Sutt 3A 10
Beeches Wlk. SM5: Cars 3E 16
Beech Farm Rd. CR6: Warl 7H 27
Beechfield SM7: Bans 7C 16
Beechfield Ct. CR2: S Croy 7B 28
Beech Gro. CR4: Mitc 7A 6
(not continuous)
Beech Ho. CR0: New Ad 1G 21
Beech Ho. Rd.
CR0: Croy 5D 28 (5G 13)
Beechlee SM6: Wall 4K 17
Beechmont Cl. BR1: Brom 1K 9
Beecholme Av. CR4: Mitc 3J 5
Beech Rd. SW16 . . . . 4B 6
Beech Tree Pl. SM1: Sutt 7C 10
Beech Way CR2: Sels 7C 20
Beechwood Av. CR5: Coul 2J 23
CR7: Thor H 6E 6
Beechwood Ct. SM5: Cars 6G 11
Beechwood La. CR6: Warl 6C 26
Beechwood Rd. CR2: Sand 4H 19
Beeleigh Rd. SM4: Mord 6C 4
Beggars Roost La.
SM1: Sutt 1B 16
Belfast Rd. SE25 . . . . 6A 8
Belgrave Rd. CR4: Mitc 5E 4
SE25 . . . . 6J 7
Belgrave Wlk. CR4: Mitc 5E 4
Belgrave Walk Stop (CT) 6E 4
Belgravia Gdns. BR1: Brom 1K 9
Bellevue Pk. CR7: Thor H 5F 7
Bellfield CR0: Sels 3D 20
Bell Hill CR0: Croy 3B 28 (4F 13)
BELMONT 4B 16
Belmont Ri. SM2: Sutt 2A 16
Belmont Rd. BR3: Beck 4D 8
SE25 . . . . 7A 8
SM2: Sutt 4B 16
SM6: Wall 7J 11
Belmont Station (Rail) 4C 16
Belsize Gdns. SM1: Sutt 6C 10
Belvedere Av. SW19 . . . . 1A 4
Belvedere Dr. SW19 . . . . 1A 4
Belvedere Rd. SE19 . . . . 2J 7
Bench Fld. CR2: S Croy 1J 19
Bencombe Rd. CR8: Purl 1D 24
Bencroft Rd. SW16 . . . . 2K 5
Bencurtis Pk. BR4: W W'ck 5J 15
Benedict Rd. CR4: Mitc 5E 4
Benedict Wharf CR4: Mitc 5F 5
Benett Gdns. SW16 . . . . 4B 6
Benfleet Cl. SM1: Sutt 5D 10
Benham Cl. CR5: Coul 5E 24
Benhill Av. SM1: Sutt 6C 10
(not continuous)
Benhill Rd. SM1: Sutt 5D 10
Benhill Wood Rd. SM1: Sutt . . . 5D 10
BENHILTON 4C 10
Benhilton Gdns. SM1: Sutt 5C 10
Benhurst Cl. CR2: Sels 4C 20
Benhurst Ct. SW16 . . . . 1D 6
Benhurst Gdns. CR2: Sels 4B 20
Bennetts Av. CR0: Croy 4D 14
Bennetts Cl. CR4: Mitc 3J 5
Bennetts Courtyard
SW19 . . . . 3D 4
Bennetts Way CR0: Croy 4D 14
Bensham Cl. CR7: Thor H 6F 7
Bensham Gro. CR7: Thor H 4F 7
Bensham La. CR0: Croy 2E 12
CR7: Thor H 7E 6
Bensham Mnr. Rd.
CR7: Thor H 6F 7
Bensham Mnr. Rd. Pas.
CR7: Thor H 6F 7
Benson Rd. CR0: Wadd 5D 12
Benthall Gdns. CR8: Kenl 4F 25
Benwood Ct. SM1: Sutt 5D 10
Beresford Rd. SM2: Sutt 2A 16
Berkeley Ct. CR0: Croy 6D 28
SM6: Wall 5K 11
Berkshire Sq. CR4: Mitc 6B 6
Berkshire Way CR4: Mitc 6B 6
Bernard Gdns. SW19 . . . . 1A 4
Bernard Rd. SM6: Wall 6J 11
Bernel Dr. CR0: Croy 5E 14
Berne Rd. CR7: Thor H 7F 7
Berney Ho. BR3: Beck 7D 8
Berney Rd. CR0: Croy 2G 13
Bertie Rd. SE26 . . . . 1C 8
Bertram Cotts. SW19 . . . . 2B 4
Bert Rd. CR7: Thor H 7F 7
Berwick Gdns. SM1: Sutt 5D 10
Besley St. SW16 . . . . 1K 5
Betchworth Cl. SM1: Sutt 7E 10
Betchworth Way
CR0: New Ad 3H 21
Bethersden Cl. BR3: Beck 2E 8
BETHLEM ROYAL HOSPITAL, THE
. . . . 2F 15
Betjeman Cl. CR5: Coul 4C 24
Betony Cl. CR0: Croy 3C 14
Betts Cl. BR3: Beck 4D 8
Betts Way SE20 . . . . 3A 8
Betula Cl. CR8: Kenl 2G 25
Beulah Av. CR7: Thor H 4F 7
Beulah Cres. CR7: Thor H 4F 7
Beulah Gro. CR0: Croy 1F 13
Beulah Hill SE19 . . . . 1E 6
Beulah Rd. CR7: Thor H 5F 7
SM1: Sutt 6B 10
SW19 . . . . 2A 4
Beulah Wlk. CR3: Wold 7D 26
Bevan Ct. CR0: Wadd 7D 12
Beverley Hyrst CR0: Croy 4J 13
Beverley Rd. CR3: Whyt 3H 25
CR4: Mitc 6A 6
SE20 . . . . 4A 8
Beverstone Rd. CR7: Thor H 6D 6
Bevill Allen Cl. SW17 . . . . 1G 5
Bevill Cl. SE25 . . . . 5K 7
Bevington Rd. BR3: Beck 4G 9
Bewley St. SW19 . . . . 1D 4
Beynon Rd. SM5: Cars 7G 11
Bickersteth Rd. SW17 . . . . 1G 5
Bickley St. SW17 . . . . 1F 5
Bicknoller Cl. SM2: Sutt 4C 16
Biddulph Rd. CR2: S Croy 4F 19
Biggin Av. CR4: Mitc 3G 5
Biggin Hill SE19 . . . . 3E 6
Biggin Way SE19 . . . . 2E 6
Bigginwood Rd. SW16 . . . . 2E 6
Billinton Hill
CR0: Croy 2E 28 (4G 13)
Bindon Grn. SM4: Mord 6C 4
Binfield Rd. CR2: S Croy 7J 13
Bingham Rd. CR0: Croy 3K 13
Birchanger Rd. SE25 . . . . 7K 7
Birch Ct. SM1: Sutt 6D 10
SM6: Wall 6J 11
Birchend Cl. CR2: S Croy 1G 19
Birches Cl. CR4: Mitc 5G 5
Birchfield Cl. CR5: Coul 3C 24
Birch Hill CR0: Croy 7C 14
Birch La. CR8: Purl 5B 18
Birch Tree Av. BR4: W W'ck 7K 15
Birch Tree Way CR0: Croy 4A 14
Birch Wlk. CR4: Mitc 3J 5
Birch Way CR6: Warl 5D 26
Birchwood Av. BR3: Beck 6E 8
SM6: Wall 5H 11
Birchwood Cl. SM4: Mord 6C 4
Birdhurst Av.
CR2: S Croy 7E 28 (6G 13)
Birdhurst Gdns.
CR2: S Croy 7E 28 (6G 13)
Birdhurst Ri. CR2: S Croy 7H 13
Birdhurst Rd. CR2: S Croy 7H 13
SW19 . . . . 1F 5
Bird in Hand Path *CR0: Croy . . . 2G 13*
(off Sydenham Rd.)
Birdwood Cl. CR2: Sels 5B 20
Birkbeck Rd. BR3: Beck 4B 8
SW19 . . . . 1C 4
Birkbeck Station (Rail & CT) . . . 5B 8
Birkdale Gdns. CR0: Croy 6C 14
Bisenden Rd. CR0: Croy 4H 13
Bisham Cl. SM5: Cars 3G 11
Bishop's Cl. CR5: Coul 5D 24
SM1: Sutt 5B 10
Bishops Ct. CR0: Croy 4J 13
Bishopsford Rd. SM4: Mord 2D 10
Bishops Pk. Rd. SW16 . . . . 3B 6
Bishops Pl. SM1: Sutt 7D 10
Bishop's Rd. CR0: Croy 2E 12
Bishops Wlk. CR0: Addtn 7C 14
Blackbush Cl. SM2: Sutt 2C 16
Blackford Cl. CR2: S Croy 3E 18
Blackhorse La. CR0: Croy 2K 13
Blackhorse Lane Stop (CT) 2K 13
Blackman's La. CR6: Warl 1K 27
Blackshaw Rd. SW17 . . . . 1E 4
Blacksmiths Hill CR2: Sand 7K 19
Blackthorne Av. CR0: Croy 3B 14
Bladon Ct. SW16 . . . . 1B 6
Blair Ct. BR3: Beck 3G 9
Blake Cl. SM5: Cars 3F 11
Blakehall Rd. SM5: Cars 1G 17
Blakemore Rd. CR7: Thor H 7C 6

A-Z Croydon 31

Blakeney Av.—Burgh Wood

Name	Grid
Blakeney Av. BR3: Beck	3E 8
Blakeney Av. BR3: Beck	2E 8
Blake Rd. CR0: Croy	4H 13
CR4: Mitc	5F 5
Blake's Grn. BR4: W W'ck	3H 15
Blakesley Wlk. SW20	4A 4
Blakewood Ct. SE20	2A 8
(off Anerley Pk.)	
Blanchland Rd. SM4: Mord	7C 4
Blanchman's Rd. CR6: Warl	5D 26
Blandford Av. BR3: Beck	4D 8
Blandford Cl. CR0: Bedd	5B 12
Blandford Rd. BR3: Beck	4B 8
Blean Gro. SE20	2B 8
Blegborough Rd. SW16	1K 5
Blenheim Bus. Cen.	
CR4: Mitc	4G 5
(off London Rd.)	
Blenheim Cl. SM6: Wall	2K 17
Blenheim Ct. BR2: Brom	6K 9
SM2: Sutt	1D 16
Blenheim Cres. CR2: S Croy	2F 19
Blenheim Gdns. CR2: Sand	6K 19
SM6: Wall	1K 17
Blenheim Pk. Rd.	
CR2: S Croy	3F 19
Blenheim Rd. SE20	2B 8
SM1: Sutt	5B 10
Blenheim Shop. Cen.	
SE20	2B 8
Bletchingley Cl. CR7: Thor H	6E 6
Blind La. SM7: Bans	2F 23
Bloomhall Rd. SE19	1G 7
Blossom Cl. CR2: S Croy	7J 13
Bloxworth Cl. SM6: Wall	5K 11
Bluebell Cl. SM6: Wall	3J 11
Blueberry Gdns. CR5: Coul	3C 24
Blue Riband Ind. Est.	
CR0: Croy	2A 28 (4E 12)
Blunt Rd.	
CR2: S Croy	7E 20 (7G 13)
Bodiam Rd. SW16	2A 6
Bodmin Gro. SM4: Mord	7C 4
Bolderwood Way	
BR4: W W'ck	4G 15
Boleyn Gdns. BR4: W W'ck	4G 15
Boleyn Gro. BR4: W W'ck	4H 15
Bolstead Rd. CR4: Mitc	3J 5
Bolters La. SM7: Bans	1A 22
Bolton Cl. SE20	4K 7
Bolton Dr. SM5: Cars	2D 10
Bolton Gdns. BR1: Brom	1K 9
Bonchurch Cl. SM2: Sutt	2C 16
Bond Gdns. SM6: Wall	6K 11
Bond Rd. CR4: Mitc	4F 5
CR6: Warl	5C 26
Bookham Ct. CR4: Mitc	5E 4
Booth Rd. CR0: Croy	3A 28 (4E 12)
Border Gdns. CR0: Croy	6G 15
Bordergate CR4: Mitc	3F 5
Border Rd. SE26	1B 8
Bordesley Rd. SM4: Mord	7C 4
Borough Grange CR2: Sand	6K 19
Borough Hill	
CR0: Wadd	5A 28 (5E 12)
Borough Rd. CR4: Mitc	4F 5
Borrowdale Cl. CR2: Sand	7J 19
Borrowdale Dr. CR2: Sand	6J 19
Boscombe Gdns. SW16	1B 6
Boscombe Ho. CR0: Croy	1D 28
Boscombe Rd. SW17	1H 5
SW19	3C 4
Boston Rd. CR0: Croy	1C 12
Boswell Rd. CR7: Thor H	6F 7
Bothwell Rd. CR0: New Ad	4H 21
Boulogne Rd. CR0: Croy	1F 13
Boundary Bus. Ct. CR4: Mitc	5E 4
Boundary Cl. SE20	4K 7
Boundary Rd. SM5: Cars	1J 17
SM6: Wall	1J 17
SW19	1E 4
Boundary Way CR0: Addtn	7F 15
Bourdon Rd. SE20	4B 8
Bourke Hill CR5: Chip	5G 23
Bourne Dr. CR4: Mitc	4E 4
Bournefield Rd. CR3: Whyt	5K 25
Bournemouth Rd.	
SW19	3B 4
Bourne Pk. Cl. CR8: Kenl	3H 25
Bourne St. CR0: Croy	3A 28 (4E 12)
Bourne Vw. CR8: Kenl	2G 25
Bourne Way BR2: Hayes	4K 15
SM1: Sutt	7A 10
Bouverie Gdns. CR8: Purl	1C 24
Bouverie Rd. CR5: Chip	5H 23
Bovingdon Sq. CR4: Mitc	6B 6
Bowens Wood CR0: Sels	3E 20
Bowley Cl. SE19	1J 7
Bowley La. SE19	1J 7
Bowmans Mdw. SM6: Wall	5J 11
Boxford Cl. CR2: Sels	6C 20
Boxley Rd. SM4: Mord	6D 4
Box Ridge Av. CR8: Purl	6C 18
Boxwood Way CR6: Warl	4C 26
Boyd Rd. SW19	1E 4
Brabazon Av. SM6: Wall	2B 18
Brabourne Cl. SE19	1H 7
Brabourne Ri. BR3: Beck	7H 9
Bracewood Gdns. CR0: Croy	5J 13
Bracken Av. CR0: Croy	5F 15
Brackens BR3: Beck	2F 9
Brackley Cl. SM6: Wall	2B 18
Brackley Rd. BR3: Beck	2E 8
Brading Rd. CR0: Croy	1C 12
Bradley Cl. SM2: Sutt	4B 16
Bradley Rd. SE19	1F 7
Bradmore Way CR5: Coul	4B 24
Bradshaw Cl. SW19	1B 4
Bradshaws Cl. SE25	5K 7
Braemar Av. CR2: S Croy	4F 19
CR7: Thor H	5D 6
Braemar Gdns. BR4: W W'ck	3H 15
Braeside BR3: Beck	1F 9
Braeside Av. SW19	3A 4
Braeside Rd. SW16	2K 5
Brafferton Rd.	
CR0: Croy	6B 28 (6F 13)
Brailsford Cl. CR4: Mitc	2F 5
Bramber Way CR6: Warl	3E 26
Brambleacres Cl. SM2: Sutt	2B 16
Bramble Banks SM5: Cars	3H 17
Bramble Cl. BR3: Beck	6F 15
Brambledown Cl.	
BR4: W W'ck	7K 9
Brambledown Rd. CR2: Sand	2H 19
SM5: Cars	2H 17
SM6: Wall	2H 17
Brambles, The SW19	1A 4
(off Woodside)	
Bramblewood Cl. SM5: Cars	3F 11
Bramcote Av. CR4: Mitc	6G 5
Bramcote Ct. CR4: Mitc	6G 5
(off Bramcote Av.)	
Bramerton Rd. BR3: Beck	5E 8
Bramley Av. CR5: Coul	2K 23
Bramley Bank Nature Reserve	**1B 20**
Bramley Cl.	
CR2: S Croy	7A 28 (7F 13)
Bramley Ct. CR4: Mitc	4E 4
Bramley Hill	
CR2: S Croy	7A 28 (7E 12)
Bramleyhyrst CR2: S Croy	7B 28
Bramley Rd. SM1: Sutt	7E 10
Bramley Way BR4: W W'ck	4G 15
Brampton Rd. CR0: Croy	2J 13
Brancaster La. CR8: Purl	4F 19
Brandon Ho. BR3: Beck	1G 9
(off Beckenham Hill Rd.)	
Brandon Rd. SM1: Sutt	6C 10
Brandries, The SM6: Bedd	5A 12
Brandy Way SM2: Sutt	2B 16
Brangwyn Cres. SW19	3D 4
Branksome Rd. SW19	3B 4
Branscombe Ct. BR2: Brom	7K 9
Brantwood Rd. CR2: S Croy	3F 19
Branxholme Ct. BR1: Brom	3K 9
(off Highland Rd.)	
Brasted Cl. SM2: Sutt	4B 16
Brasted Lodge BR3: Beck	2F 9
Bratten Ct. CR0: Croy	1G 13
Braxted Pk. SW16	1C 6
Braybrooke Gdns. SE19	2H 7
Brazil Cl. CR0: Bedd	2B 12
Breakfield CR5: Coul	3B 24
Brecon Cl. CR4: Mitc	5B 6
Bredhurst Cl. SE20	1B 8
Bredon Rd. CR0: Croy	2J 13
Bredune CR8: Kenl	2G 25
Brenley Cl. CR4: Mitc	5H 5
Brent Rd. CR2: Sels	3A 20
CR2: Sand	6H 19
Briar Av. SW16	2C 6
Briar Banks SM5: Cars	3H 17
Briar Cl. CR6: Warl	3F 27
Briar Gro. CR2: Sand	7K 19
Briar Hill CR8: Purl	5B 18
Briar La. CR0: Addtn	6G 15
SM5: Cars	3H 17
Briar Rd. SW16	5B 6
Briary Lodge BR3: Beck	3H 9
Brickfield Rd. CR7: Thor H	3E 6
Brickwood Rd. CR0: Croy	4H 13
Bridgefield Rd. SM1: Sutt	1B 16
Bridge Ho. SM2: Sutt	1C 16
(off Bridge Rd.)	
Bridgelands Cl. BR3: Beck	2E 8
Bridge Pl. CR0: Croy	3G 13
Bridge Rd. BR3: Beck	2E 8
SM2: Sutt	1C 16
SM6: Wall	7J 11
Bridge Row CR0: Croy	3G 13
Bridges La. CR0: Bedd	6B 12
Bridges Rd. SW19	1C 4
Bridges Rd. M. SW19	1C 4
Bridge Way CR5: Chip	6F 23
Bridgewood Cl. SE20	2A 8
Bridgewood Rd. SW16	2A 6
Bridle Path CR0: Bedd	5B 12
(not continuous)	
Bridle Rd. CR0: Croy	5F 15
(not continuous)	
CR2: Sand	3K 19
Bridle Rd., The CR8: Purl	4B 18
Bridle Way CR0: Croy	7F 15
Bridle Way, The CR0: Sels	4D 20
Bridleway, The CR5: Coul	1J 23
SM6: Wall	7K 11
Bridport Rd. CR7: Thor H	5D 6
Brierley Cl. CR0: New Ad	1G 21
Brierley Cl. SE25	6K 7
Brierley Rd. SE25	6K 7
Briggs Ct. CR4: Mitc	3J 5
Brighton Rd.	
CR2: S Croy	7C 28 (7F 13)
CR5: Coul	7J 23
CR8: Purl	5D 18
SM2: Bans, Sutt	5B 16
SM7: Bans	5A 22
Brightwell Cl. CR0: Croy	3D 12
Brightwell Cres. SW17	1G 5
Brigstock Rd. CR5: Coul	2J 23
CR7: Thor H	7D 6
Brindles, The SM7: Bans	4A 22
Brisbane Av. SW19	3C 4
Briscoe Rd. SW19	1E 4
Bristol Cl. SM6: Wall	2B 18
Bristol Rd. SM4: Mord	7D 4
Bristow Rd. CR0: Bedd	6B 12
SE19	1H 7
BRITISH HOME	**1E 6**
Briton Cl. CR2: Sand	5H 19
Briton Cres. CR2: Sand	5H 19
Briton Hill Rd. CR2: Sand	4H 19
Broadcoombe CR2: Sels	2B 20
Broadeaves Cl. CR2: S Croy	7H 13
Broadfield Cl. CR0: Wadd	4C 12
BROAD GREEN	**2E 12**
Broad Grn. Av. CR0: Croy	2E 12
Broadlands Dr. CR6: Warl	6B 26
Broadoaks Way BR2: Brom	7K 9
Broadview Rd. SW16	2A 6
Broadway, The CR0: Bedd	6B 12
SM1: Sutt	7D 10
SW19	1A 4
Broadway Av. CR0: Croy	7G 7
Broadway Cl. CR2: Sand	1A 26
Broadway Ct. BR3: Beck	5H 9
SW19	1B 4
Broadway Gdns. CR4: Mitc	6F 5
Broadway Pl. SW19	1A 4
Brockenhurst Rd. CR0: Croy	2A 14
Brockenhurst Way SW16	4A 6
Brockham Cl. SW19	1A 4
Brockham Cres.	
CR0: New Ad	2J 21
Brockenbank Cl. CR3: Whyt	5K 25
Brocklesby Rd. SE25	6A 8
Brocks Dr. SM3: Cheam	4A 10
Brockwell Av. BR3: Beck	7C 8
Brograve Gdns. BR3: Beck	4G 9
Bromley Av. BR1: Brom	2K 9
Bromley Gro. BR2: Brom	4J 9
Bromley Hill BR1: Brom	1K 9
BROMLEY PARK	**3K 9**
Bromley Pk. BR1: Brom	1J 9
BR2: Brom	4G 9
BR3: Beck	3G 9
Brompton Cl. SE20	4K 7
Brook Cl. CR3: Beck	3E 8
Brookfield Av. SM1: Sutt	6F 11
Brookfields CR4: Mitc	7F 5
Brooklands Cl. CR4: Mitc	4E 4
Brooklyn SE20	2K 7
Brooklyn Av. SE25	6A 8
Brooklyn Cl. SM5: Cars	4F 11
Brooklyn Gro. SE25	6A 8
Brooklyn Rd. SE25	6A 8
Brookmead CR0: Bedd	1K 11
Brookmead Ind. Est.	
CR0: Bedd	1K 11
Brookmead Rd. CR0: Croy	1K 11
Brook Rd. CR7: Thor H	6F 7
Brookscroft CR0: Sels	4E 20
Brookside SM5: Cars	7H 11
Brookside Way CR0: Croy	1C 14
Brookwood Cl. BR2: Brom	6K 9
Broome Ct. KT20: Tad	6A 22
Broomfield Rd. BR3: Beck	5D 8
Broom Gdns. CR0: Croy	5F 15
Broomhall Rd. CR2: Sand	3G 19
Broomloan La. SM1: Sutt	4B 10
Broom Rd. CR0: Croy	5F 15
Broomwood Cl. CR0: Croy	7C 8
Broseley Gro. SE26	1D 8
Broster Gdns. SE25	5J 7
Broughton Rd. CR7: Thor H	1D 12
Brown Cl. SM6: Wall	2B 18
Browning Av. SM1: Sutt	6F 11
Brownlow Rd. CR0: Croy	6H 13
Bruce Dr. CR2: Sels	3C 20
Bruce Rd. CR4: Mitc	2H 5
SE25	6G 7
Brunel Cl. SE19	1J 7
Brunswick Cl. SM1: Sutt	6C 10
Brunswick M. SW16	1A 6
Brunswick Pl. SE19	2K 7
Brunswick Rd. SM1: Sutt	6C 10
Brunswick Ter. BR3: Beck	3G 9
Bruton Rd. SM4: Mord	6D 4
Bryanstone Cl. CR2: Sand	5D 10
Buckfast Rd. SM4: Mord	6C 4
Buckhurst Av. SM5: Cars	3F 11
Buckingham Av. CR7: Thor H	3D 6
Buckingham Av. CR4: Mitc	6B 6
Buckingham Way SM6: Wall	3K 17
Buckland Wlk. SM4: Mord	6D 4
Buckleigh Av. SW20	5A 4
Buckleigh Rd. SW16	1A 6
Buckleigh Way SE19	2J 7
Buckler's Way SM5: Cars	5G 11
Buckles Way SM7: Bans	3A 22
Bucknall Way BR3: Beck	6G 9
Budge La. CR4: Mitc	2G 11
Buff Av. SM7: Bans	1C 22
Bugg Hill CR3: Wold	7C 26
CR6: Wold	7C 26
Bulganak Rd. CR7: Thor H	6F 7
Buller Rd. CR7: Thor H	4C 6
Bullfinch Rd. CR2: Sels	4C 20
Bullrush Cl. CR0: Croy	1H 13
SM5: Cars	4F 11
Bungalow Rd. SE25	6H 7
Bungalows, The SM6: Wall	7F 11
SW16	2J 5
Bunting Cl. CR4: Mitc	7G 5
Burcott Rd. CR8: Purl	1D 24
Burdett Rd. CR0: Croy	1G 13
Burdock Cl. CR0: Croy	3C 14
Burdon La. SM2: Cheam	2A 16
Burdon Pk. SM2: Cheam	3A 16
Burfield Dr. CR6: Warl	6B 26
Burford Rd. SM1: Sutt	4B 10
Burford Way CR0: New Ad	1H 21
Burgess M. SW19	1C 4
Burgess Rd. SM1: Sutt	6C 10
Burghley Rd. CR4: Mitc	7G 5
Burgh Mt. SM7: Bans	2A 22
Burgh Wood SM7: Bans	2A 22

Burgos Cl.—Cheam Village

Burgos Cl. CR0: Wadd 1D 18
Burgoyne Rd. SE25 6J 7
Burham Cl. SE20 2B 8
Burleigh Av. SM6: Wall 5H 11
Burleigh Rd. SM3: Sutt 3A 10
Burley Cl. SW16 4A 6
Burlington Rd. CR7: Thor H 4F 7
Burmarsh Ct. SE20 3B 8
Burma Ter. SE19 1H 7
Burnell Rd. SM1: Sutt 6C 10
Burnham Gdns. CR0: Croy 2J 13
Burnham Rd. SM4: Mord 6C 4
Burnham Way SE26 1E 8
Burnhill Rd. BR3: Beck 4F 9
Burns Cl. SM5: Cars 3H 17
SW19 1E 4
Burnside Ct. SM5: Cars 5H 11
Burntwood Cl. CR3: Cat'm 7K 25
Burntwood La. CR3: Cat'm 7K 25
Burntwood Vw. SE19 1J 7
Burrell Cl. CR0: Croy 1D 14
Burrell Row BR3: Beck 2K 9
Burton Cl. CR7: Thor H 5G 7
Burton Ct. SE20 4B 8
Burwood Av. CR8: Kenl 1E 24
Bury Gro. SM4: Mord 7C 4
Bushey Cl. CR8: Kenl 3J 25
Bushey La. SM1: Sutt 6B 10
Bushey Rd. CR0: Croy 4F 15
SM1: Sutt 6B 10
Bushey Way BR3: Beck 1J 15
Bute Ct. SM6: Wall 7K 11
Bute Gdns. SM6: Wall 7K 11
Bute Gdns. W. SM6: Wall 7K 11
Bute Rd. CR0: Croy 3D 12
SM6: Wall 6K 11
Butlers Dene Rd.
CR3: Wold 7E 26
Butterfly Wlk.
CR6: Warl, Wold 7B 26
Butter Hill SM5: Cars 5H 11
SM6: Wall 5H 11
Buttermere Gdns. CR8: Purl 7G 19
Buxton Av. CR3: Cat'm 7H 25
Buxton La. CR3: Cat'm 7G 25
Buxton Rd. CR7: Thor H 7E 6
Byards Cft. SW16 3A 6
Bycroft St. SE20 2C 8
Byegrove Rd. SW19 1E 4
Bygrove CR0: New Ad 1G 21
Byland Cl. SM5: Cars 2D 10
Byne Rd. SE26 1B 8
SM5: Cars 4F 11
Bynes Rd. CR2: S Croy 2G 19
Byron Av. CR5: Coul 2B 24
SM1: Sutt 6E 10
Byron Av. E. SM1: Sutt 6E 10
Byron Cl. SE20 5A 8
SW16 1B 6
Byron Gdns. SM1: Sutt 6E 10
Byron Rd. CR2: Sels 4A 20
Byton Rd. SW17 1G 5
Byway, The SM2: Sutt 3E 16
Bywood Av. CR0: Croy 1B 14
Bywood Cl. CR8: Kenl 2E 24

C

Cadogan Cl. BR3: Beck 3J 9
Cadogan Ct. SM2: Sutt 1C 16
Caernarvon Cl. CR4: Mitc 5B 6
Caesars Wlk. CR4: Mitc 7G 5
Cairo New Rd.
CR0: Croy 3A 28 (4E 12)
Caithness Rd. CR4: Mitc 2J 5
Calder Rd. SM4: Mord 7D 4
Caledon Rd. SM6: Wall 6H 11
California Cl. SM2: Sutt 4B 16
Calley Down Cres.
CR0: New Ad 4J 21
Callow Fld. CR8: Purl 7D 18
Calmont Rd. BR1: Brom 1J 9
Calthorpe Gdns. SM1: Sutt 5D 10
Calverley Cl. BR3: Beck 1G 9
Camborne Rd. CR0: Croy 2K 13
SM2: Sutt 2B 16
Cambridge Gro. SE20 3A 8
Cambridge Rd. CR4: Mitc 5K 5
SE20 5A 8
SM5: Cars 1F 17
Camden Gdns. CR7: Thor H 5E 6
SM1: Sutt 7C 10
Camden Hill Rd. SE19 1H 7
Camden Rd. SM1: Sutt 7C 10
SM5: Cars 6G 11
Camden Way CR7: Thor H 5E 6
Cameron Rd. CR0: Croy 1E 12
Cameron Sq. CR4: Mitc 3F 5
Camille Cl. SE25 5K 7
Camomile Av. CR4: Mitc 3G 5
Campbell Rd. CR0: Croy 2E 12
CR3: Cat'm 7G 25
Campden Rd. CR2: S Croy 7H 13
Campion Cl. CR2: S Croy 6H 13
Camp Rd. CR3: Wold 7D 26
Camrose Cl. CR0: Croy 2D 14
SM4: Mord 6B 4
Canal Wlk. CR0 1H 13
CANE HILL FORENSIC MENTAL
HEALTH UNIT 4K 23
Canham Rd. SE25 5H 7
Can Hatch KT20: Tad 5A 22
Canmore Gdns. SW16 2K 5
Canning Rd. CR0: Croy 4J 13
Cannon Hill La. SW20 5A 4
Cannons Health Club
Sutton 1B 16
Canons Hill
CR5: Coul, Purl 4E 24
Canons La. KT20: Tad 5A 22
Canons Leisure Cen., The 6G 5
Canon's Wlk. CR0: Croy 5C 14
Canterbury Cl. BR3: Beck 3G 9
Canterbury Ho. CR0: Croy 1D 28
Canterbury Rd. CR0: Croy 2C 12
SM4: Mord 2C 10
Cantley Gdns. SE19 3J 7
Capel Av. SM6: Wall 7C 12
Capel Ct. SE20 3B 8
Capital Bus. Cen.
CR2: S Croy 2G 19
Capital Ind. Est. CR4: Mitc 7G 5
Capri Rd. CR0: Croy 3J 13
Caraway Pl. SM6: Wall 5J 11
Carberry Rd. SE19 1H 7
Cardigan Rd. SW19 1D 4
Cardinal Av. SM4: Mord 1A 10
Cardinal Cl. CR2: Sand 7K 19
SM4: Mord 1A 10
Carew Cl. CR5: Coul 6E 24
Carew Ct. SM2: Sutt 3C 16
Carew Manor & Dovecote 5K 11
Carew Mnr. Cotts.
SM6: Bedd 5A 12
Carew Rd. CR4: Mitc 4H 5
CR7: Thor H 6E 6
SM6: Wall 1K 17
Cargreen Pl. SE25 6J 7
Cargreen Rd. SE25 6J 7
Carisbrooke Ct. SM2: Cheam 2A 16
Carisbrooke Rd. CR4: Mitc 6A 6
Carleton Av. SM6: Wall 3A 18
Carlingford Gdns.
CR4: Mitc 2G 5
Carlisle Rd. SM1: Sutt 1A 16
Carlisle Way SW17 1H 5
Carlton Av. CR2: S Croy 2H 19
Carlton Ct. SE20 3A 8
Carlton Rd. CR2: S Croy 1G 19
Carlton Towers SM5: Cars 5G 11
Carlwell St. SW17 1F 5
Carlyle Rd. CR0: Croy 4K 13
Carlys Cl. BR3: Beck 4C 8
Carmichael Rd. SE25 7J 7
Carnforth Rd. SW16 2A 6
(not continuous)
Carolina Rd. CR7: Thor H 4E 6
Caroline Cl. CR0: Croy 6H 13
Caroline Rd. SW19 2A 4
Carriage Pl. SW16 1K 5
Carrington Cl. CR0: Croy 2D 14
CARSHALTON 6H 11
Carshalton Athletic FC 5F 11
CARSHALTON BEECHES 3F 17
Carshalton Beeches Station (Rail)
1G 17
Carshalton Gro. SM1: Sutt 6E 10
CARSHALTON ON THE HILL 2H 17
Carshalton Pk. Rd.
SM5: Cars 7G 11
Carshalton Pl. SM5: Cars 7H 11
Carshalton Rd. CR4: Mitc 6H 5
SM1: Sutt 7D 10
SM5: Cars 7D 10
SM7: Bans 1G 23
Carshalton Station (Rail) 6G 11
CARSHALTON WAR MEMORIAL
HOSPITAL 1G 17
Carter Rd. SW19 1E 4
Cartmel Gdns. SM4: Mord 7D 4
Cascades CR0: Sels 4E 20
Cascades Ct. SW19 2A 4
Cassland Rd. CR7: Thor H 6G 7
Castle Cl. BR2: Brom 5K 9
Castledine Rd. SE20 2A 8
Castle Hill Av. CR0: New Ad 3G 21
Castle Ho. SM2: Sutt 1B 16
Castlemaine Av. CR2: S Croy 7J 13
Castle Rd. CR5: Chip 7F 23
Castleton Cl. CR0: Croy 1D 14
SM7: Bans 2B 22
Castleton Dr. SM7: Bans 2B 22
Castleton Rd. CR4: Mitc 6A 6
(not continuous)
Caterham By-Pass
CR3: Cat'm 7A 26
Caterham Cl. CR3: Cat'm 7H 25
(not continuous)
Caterham Dr. CR5: Coul 5E 24
Cator Cl. CR0: New Ad 5K 21
Cator Cres. CR0: New Ad 5K 21
Cator La. BR3: Beck 3E 8
Cator Rd. SE26 1C 8
SM5: Cars 7G 11
Causeway, The SM2: Sutt 3D 16
SM5: Cars 5H 11
Cavendish Ct. SM6: Wall 1J 17
Cavendish Rd. CR0: Croy 3E 12
SM2: Sutt 2D 16
SW19 2E 4
Cavendish Way BR4: W W'ck 3G 15
Cawnpore St. SE19 1H 7
Caxton Rd. SW19 1D 4
Cearn Way CR5: Coul 2C 24
Cecil Pl. CR4: Mitc 7G 5
Cecil Rd. CR0: Croy 1B 12
SM1: Sutt 1A 16
SW19 2C 4
Cedar Cl. CR6: Warl 6D 26
SM5: Cars 1G 17
Cedar Ct. SM2: Sutt 1D 16
Cedar Gdns. SM2: Sutt 1D 16
Cedarhurst BR1: Brom 2K 9
Cedar Pk. CR3: Cat'm 7H 25
Cedar Rd. CR0: Croy 2E 28 (4G 13)
SM2: Sutt 1D 16
Cedars SM7: Bans 1G 23
Cedars, The SM6: Wall 6K 11
Cedars Av. CR4: Mitc 6H 5
Cedars Rd. BR3: Beck 4D 8
CR0: Bedd 5B 12
SM4: Mord 6B 4
Cedarville Gdns. SW16 1C 6
Cedar Wlk. CR8: Kenl 3F 25
KT20: Tad 7A 22
Celtic Av. BR2: Brom 5K 9
Central Av. SM6: Wall 7B 12
Centrale Shop. Cen.
CR0: Croy 2B 28 (4F 13)
Central Gdns. SM4: Mord 7C 4
Central Hill SE19 1F 7
Central Pde. CR0: New Ad 4H 21
SE20 2C 8
(off High St.)
Central Pl. SE25 7K 7
Central Rd. SM4: Mord 1B 10
Central Ter. BR3: Beck 5C 8
Central Way SM5: Cars 2F 17
Centre Ct. Shop. Cen.
SW19 1A 4
Centurion Ct. SM6: Wall 4J 11
Cerne Rd. SM4: Mord 1D 10
Chadwick Av. SW19 1B 4
Chaffinch Av. CR0: Croy 1C 14
Chaffinch Bus. Pk. BR3: Beck 6C 8
Chaffinch Cl. CR0: Croy 7C 8
Chaffinch Rd. BR3: Beck 3D 8
Chalcot Cl. SM2: Sutt 2B 16
Chaldon Ct. SE19 3G 7
Chaldon Path CR7: Thor H 6E 6
Chaldon Way CR5: Coul 4B 24
Chalet Ct. CR7: Thor H 7F 7
Chale Wlk. SM2: Sutt 3C 16
Chalfont Rd. SE25 5J 7
Chalgrove Av. SM4: Mord 7B 4
Chalgrove Rd. SM2: Sutt 2E 16
Chalice Cl. SM6: Wall 1A 18
Chalkenden Cl. SE20 2A 8
Chalkley Cl. CR4: Mitc 4G 5
Chalk Pit Rd. SM7: Bans 4B 22
Chalk Pit Way SM1: Sutt 7D 10
Challin St. SE20 3B 8
Chalmers Rd. SM7: Bans 2E 22
Chamberlain Cres.
BR4: W W'ck 3G 15
Chambers Pl. CR2: S Croy 2G 19
Champneys Cl. SM2: Cheam 2A 16
Chancellor Gdns.
CR2: S Croy 3E 18
Chancery La. BR3: Beck 4G 9
Chanctonbury Gdns.
SM2: Sutt 2C 16
Chandaria Ct. *CR0: Croy 3B 28*
(off Church Rd.)
Chandon Lodge SM2: Sutt 2D 16
Chantry Ct. SM5: Cars 5F 11
Chantry Way CR4: Mitc 5E 4
Chapel Grn. CR8: Purl 7D 18
Chapel Rd. CR6: Warl 5C 26
Chapel Vw. CR2: Sels 1B 20
Chapel Wlk.
CR0: Croy 2B 28 (4F 13)
Chapman Rd. CR0: Croy 3D 12
Chapter Way SW19 3E 4
Charing Ct. BR2: Brom 4K 9
Charles Cobb Gdns.
CR0: Wadd 7D 12
Charles Rd. SW19 3B 4
Charles St.
CR0: Croy 4B 28 (5F 13)
Charlmont Rd. SW17 1F 5
Charlotte Rd. SM6: Wall 1K 17
Charlton Gdns. CR5: Coul 5K 23
Charlwood CR0: Sels 3E 20
Charminster Av. SW19 4B 4
Charnwood Av. SW19 4B 4
Charnwood Rd. SE25 7G 7
Charrington Rd.
CR0: Croy 2B 28 (4F 13)
Chart Cl. BR2: Brom 3K 9
CR0: Croy 1B 14
CR4: Mitc 6G 5
Charter Ho. *SM2: Sutt 1C 16*
(off Mulgrave Rd.)
Chartham Rd. SE25 5A 8
Chart Ho. CR4: Mitc 4G 5
Chartwell Cl. CR0: Croy 3G 13
Chartwell Gdns.
SM3: Cheam 5A 10
Chartwell Lodge BR3: Beck 2F 9
Chartwell Pl. SM3: Cheam 5A 10
Chartwell Way SE20 3A 8
Chase, The CR5: Coul 1K 23
KT20: Kgswd 7D 22
SM6: Wall 7B 12
SW16 2C 6
SW20 3A 4
Chaseley Dr. CR2: Sand 4G 19
Chasemore Cl. CR4: Mitc 2G 11
Chasemore Gdns.
CR0: Wadd 7D 12
Chatfield Rd.
CR0: Croy 1A 28 (3E 12)
Chatham Cl. SM3: Sutt 2A 10
Chatham Ho. *SM6: Wall 7J 11*
(off Melbourne Rd.)
Chatsworth Av. SW20 3A 4
Chatsworth Cl. BR4: W W'ck 4K 15
Chatsworth Pk. SM7: Bans 4C 22
Chatsworth Pl. CR4: Mitc 5G 5
Chatsworth Rd.
CR0: Croy 6E 28 (6G 13)
Chaucer Gdns. SM1: Sutt 5B 10
(not continuous)
Chaucer Grn. CR0: Croy 2A 14
Chaucer Ho. *SM1: Sutt 5B 10*
(off Chaucer Gdns.)
Chaucer Rd. SM1: Sutt 6B 10
Chaucer Way SW19 1E 4
Cheam Mans. SM3: Cheam 2A 16
Cheam Rd. SM1: Sutt 1A 16
Cheam Station (Rail) 2A 16
CHEAM VILLAGE 1A 16

A-Z Croydon 33

Chelmsford Cl.—Cornflower La.

Chelmsford Cl. SM2: Sutt 3B 16
Chelsea Flds. SW19 . . . . .3E 4
Chelsea Gdns. SM3: Cheam 6A 10
CHELSHAM 4F 27
Chelsham Cl. CR6: Warl 5D 26
CHELSHAM COMMON 3G 27
Chelsham Comn. Rd.
CR6: Warl 4F 27
Chelsham Ct. Rd. CR6: Warl 5J 27
Chelsham Rd. CR2: S Croy 2G 19
CR6: Warl 5E 26
Chelwood Cl. CR5: Coul 6K 23
Chepstow Ri. CR0: Croy 5H 13
Chepstow Rd. CR0: Croy 5H 13
Cherry Cl. SM4: Mord 6A 4
SM5: Cars 4G 11
Cherry Hill Gdns. CR0: Wadd . . .6C 12
Cherry Orchard Gdns.
CR0: Croy 2E 28 (3G 13)
Cherry Orchard Rd.
CR0: Croy 1E 28 (4G 13)
Cherry Tree Ct. CR5: Coul 5C 24
Cherry Tree Grn. CR2: Sand 1A 26
Cherry Tree Wlk. BR3: Beck 6E 8
Cherrywood La. SM4: Mord 6A 4
Chertsey Cl. CR8: Kenl 2E 24
Chertsey Cres. CR0: New Ad . . .4H 21
Chertsey Dr. SM3: Cheam 4A 10
Chesham Cl. SM2: Cheam 4A 16
Chesham Cres. SE20 . . . . .3B 8
Chesham Rd. SE20 . . . . .4B 8
SW19 . . . . .1E 4
Cheshire Cl. CR4: Mitc 5B 6
Cheshire Ho. SM4: Mord 2C 10
Chesney Cres. CR0: New Ad . . .2H 21
Chessell Cl. CR7: Thor H 6E 6
Chessington Way
BR4: W W'ck 4G 15
Chester Cl. SM1: Sutt 4B 10
Chester Gdns. SM4: Mord 1D 10
Chesterton Ho. CR0: Croy 7D 28
Chestnut Av. BR4: W W'ck 7K 15
Chestnut Cl. SM5: Cars 3G 11
Chestnut Ct. CR2: S Croy 7B 28
Chestnut Gro. CR2: Sels 2A 20
CR4: Mitc 7A 6
SE20 . . . . .2A 8
Chestnut Ter. SM1: Sutt 6C 10
Cheston Av. CR0: Croy 4D 14
Chevening Rd. SE19 . . . . .1G 7
CHEVERELLS 2G 27
Cheviot Cl. SM2: Sutt 3E 16
SM7: Bans 2C 22
Cheyham Way SM2: Cheam 4A 16
Cheyne Ct. SM7: Bans 2C 22
Cheyne Pk. Dr. BR4: W W'ck . . .5H 15
Cheyne Wlk. CR0: Croy 4K 13
Chichele Gdns. CR0: Croy 6H 13
Chichester Dr. CR8: Purl 6C 18
Chichester Rd. CR0: Croy 5H 13
Chiddingstone Cl. SM2: Sutt . . .4B 16
Child's La. SE19 . . . . .1H 7
Chillerton Rd. SW17 . . . . .1H 5
Chilmark Rd. SW16 . . . . .4A 6
Chiltern Cl. CR0: Croy 5H 13
Chiltern Rd. SM2: Sutt 3C 16
Chilterns, The SM2: Sutt 3C 16
Chiltons Cl. SM7: Bans 2C 22
Chilworth Gdns. SM1: Sutt 5D 10
Chingley Cl. BR1: Brom 1K 9
Chiphouse Wood Nature Reserve
. . . . .7D 22
CHIPSTEAD 5G 23
Chipstead Av. CR7: Thor H 6E 6
CHIPSTEAD BOTTOM 7E 22
Chipstead Cl. CR5: Coul 3H 23
SE19 . . . . .2J 7
SM2: Sutt 3C 16
Chipstead Rd. SM7: Bans 4A 22
(not continuous)
Chipstead Sta. Pde.
CR5: Chip 5G 23
Chipstead Station (Rail) 5G 23
Chipstead Valley Rd.
CR5: Coul 3H 23
Chipstead Way SM7: Bans 3G 23
Chisholm Rd. CR0: Croy 4H 13
Chislet Cl. BR3: Beck 2F 9
Chiswick Cl. CR0: Bedd 5C 12
Christchurch Cl. SW19 . . . . .2E 4
Christchurch Pk. SM2: Sutt 2D 16
Christ Church Rd. BR3: Beck 4F 9
Christchurch Rd. CR8: Purl 5E 18
SW19 . . . . .2E 4
Christian Flds. SW16 . . . . .2D 6
Christie Dr. CR0: Croy 7K 7
Chudleigh Gdns. SM1: Sutt 5D 10
Church All. CR0: Croy 3D 12
Church Av. BR3: Beck 3F 9
Church Dr. BR4: W W'ck 5K 15
Church Farm La.
SM3: Cheam 1A 16
Churchfields Rd. BR3: Beck 4C 8
Church Hill CR8: Purl 4B 18
SM5: Cars 7G 11
SW19 . . . . .1A 4
Church Hill Rd. SM3: Cheam . . .7A 10
Churchill Cl. CR6: Warl 4B 26
Churchill Rd. CR2: S Croy 3F 19
Church La. CR6: Warl 4C 26
(Church Rd.)
CR6: Warl 3G 27
(Ledgers Rd.)
SM6: Bedd 5A 12
(not continuous)
SW17 . . . . .1G 5
SW19 . . . . .3A 4
Churchmore Rd. SW16 . . . . .3K 5
Church Paddock Ct.
SM6: Bedd 5A 12
Church Path
CR0: Croy 2B 28 (4F 13)
CR4: Mitc 5F 5
(not continuous)
CR5: Coul 5D 24
SW19 . . . . .4A 4
(not continuous)
Church Pl. CR4: Mitc 5F 5
Church Rd. BR2: Brom 5K 9
CR0: Croy 3A 28 (5F 13)
(not continuous)
CR3: Whyt 5J 25
CR4: Mitc 3E 4
CR6: Warl 4C 26
CR8: Kenl 2G 25
CR8: Purl 4B 18
SE19 . . . . .3H 7
SM6: Bedd 5A 12
SW19 . . . . .3E 4
Church St. CR0: Croy . . .4A 28 (5E 12)
SM1: Sutt 7C 10
Church Street Stop (CT)
. . . . .3B 28 (4F 13)
Church Wlk. SW16 . . . . .4K 5
Church Way CR2: Sand 4J 19
Cinnamon Cl. CR0: Croy 2B 12
Cintra Pk. SE19 . . . . .2J 7
Circle Gdns. SW19 . . . . .4B 4
Cirrus Cl. SM6: Wall 2B 18
City Limits Bowling Alley
Croydon 1D 18
Claremont Cl. CR2: Sand 2A 26
Claremont Ho. SM2: Sutt 2C 16
Claremont Rd. CR0: Croy 3K 13
Clarence Rd. CR0: Croy 2G 13
SM1: Sutt 7C 10
SM6: Wall 7J 11
SW19 . . . . .1C 4
Clarendon Ct. BR3: Beck 3G 9
(off Blair Ct.)
BR3: Beck 3J 9
(West Oak)
Clarendon Gro. CR4: Mitc 5G 5
Clarendon Rd.
CR0: Croy 2A 28 (4E 12)
SM6: Wall 1K 17
SW19 . . . . .2F 5
Claret Gdns. SE25 . . . . .5H 7
Clarice Way SM6: Wall 3B 18
Clay Av. CR4: Mitc 4J 5
Claybourne M. SE19 . . . . .2H 7
Claydon Dr. CR0: Bedd 6B 12
Claygate Cres. CR0: New Ad . . .1H 21
Claymore Cl. SM4: Mord 2B 10
Cleave Prior CR5: Chip 6F 23
Cleaveholme Cl. SE25 . . . . . . .1A 14
Cleeve Way SM1: Sutt 3C 10
Clement Cl. CR8: Purl 3E 24
Clement Rd. BR3: Beck 4C 8
Clensham Ct. SM1: Sutt 4B 10
Clensham La. SM1: Sutt 4B 10
Clevedon Ct. CR2: S Croy 7H 13
Clevedon Ho. SM1: Sutt 6D 10
Clevedon Rd. SE20 . . . . .3C 8
Cleveland Av. SW20 . . . . .4A 4
Cleves Cres. CR0: New Ad 5H 21
Cliff End CR8: Purl 6E 18
Cliffe Rd. CR2: S Croy 7G 13
Cliffe Wlk. SM1: Sutt 7D 10
(off Greyhound Rd.)
Clifford Av. SM6: Wall 6K 11
Clifford Ho. BR3: Beck 1G 9
(off Calverley Cl.)
Clifford Rd. SE25 . . . . .6K 7
Clifton Av. SM2: Sutt 5C 16
Clifton Ct. BR3: Beck 3G 9
Clifton M. SE25 . . . . .6H 7
Clifton Pl. SM7: Bans 2B 22
Clifton Rd. CR5: Coul 2J 23
SE25 . . . . .6H 7
SM6: Wall 7J 11
Cliveden Rd. SW19 . . . . .3A 4
Clive Rd. SW19 . . . . .1F 5
CLOCK HOUSE 1J 23
Clockhouse Ct. BR3: Beck 4D 8
Clock Ho. Rd. BR3: Beck 5D 8
Clock House Station (Rail) 3D 8
Cloister Gdns. SE25 . . . . .1A 14
Close, The BR3: Beck 6D 8
CR4: Mitc 6G 5
CR8: Purl 4E 18
(Pampisford Rd.)
CR8: Purl 4C 18
(Russell Hill)
SE25 . . . . .1K 13
SM3: Sutt 2A 10
SM5: Cars 3F 17
Clouston Cl. SM6: Wall 7B 12
Clovelly Av. CR6: Warl 6A 26
Clovelly Gdns. SE19 . . . . .3J 7
Cloverdale Ct. SM6: Wall 1J 17
Clover Way SM6: Wall 3H 11
Clowser Cl. SM1: Sutt 7D 10
Clyde Av. CR2: Sand 2A 26
Clyde Rd. CR0: Croy 4J 13
SM1: Sutt 7B 10
SM6: Wall 1K 17
Coach Ho. M. SE20 . . . . .2A 8
Coates Cl. CR7: Thor H 5F 7
Cobblestone Pl.
CR0: Croy 1B 28 (3F 13)
Cobden M. SE26 . . . . .1A 8
Cobden Rd. SE25 . . . . .7K 7
Cobham Cl. SM6: Wall 1B 18
Cobham Ct. CR4: Mitc 4E 4
Cochrane Rd. SW19 . . . . .2A 4
Cody Cl. SM6: Wall 2A 18
Coe Av. SE25 . . . . .1K 13
Colbalt Cl. BR3: Beck 6C 8
Colburn Way SM1: Sutt 5E 10
Colby Rd. SE19 . . . . .1H 7
Colcokes Rd. SM7: Bans 3B 22
Cold Blows CR4: Mitc 5G 5
Coldharbour La. CR8: Purl 5D 18
Coldharbour Rd. CR0: Wadd 7D 12
Coldharbour Way CR0: Wadd . . .7D 12
Colebrooke Ri. BR2: Brom 4K 9
Colebrook Rd. SW16 . . . . .3B 6
Coleman Cl. SE25 . . . . .4K 7
Coleridge Av. SM1: Sutt 6F 11
Coleridge Rd. CR0: Croy 2B 14
Colesburg Rd. BR3: Beck 5E 8
Colescroft Hill CR8: Purl 2D 24
Colin Cl. BR4: W W'ck 5K 15
CR0: Croy 5E 14
College Flds. Bus. Cen.
SW19: Mitc 3F 5
College Grn. SE19 . . . . .2H 7
College Rd.
CR0: Croy 3D 28 (4G 13)
SW19 . . . . .1E 4
Colliers Ct. CR0: Croy 6D 28
Colliers Water La.
CR7: Thor H 7D 6
COLLIERS WOOD 2E 4
COLLIERS WOOD 2E 4
Colliers Wood Station (Tube) . . .2E 4
Collingwood Cl. SE20 . . . . .3A 8
Collingwood Rd. CR4: Mitc 5F 5
SM1: Sutt 5B 10
Collyer Av. CR0: Bedd 6B 12
Collyer Rd. CR0: Bedd 6B 12
Colmer Rd. SW16 . . . . .3B 6
Colonnades, The CR0: Wadd . . .1D 18
Colour House Theatre 3D 4
Colson Rd. CR0: Croy 4H 13
Colston Av. SM5: Cars 6F 11
Colston Ct. SM5: Cars 6G 11
(off West St.)
Columbine Av. CR2: S Croy 2E 18
Colvin Rd. CR7: Thor H 7D 6
Colwood Gdns. SW19 . . . . .2E 4
Colworth Rd. CR0: Croy 3K 13
Combe Dene BR2: Brom 6K 9
(off Cumberland Rd.)
Combermere Rd. SM4: Mord . . .1C 10
Commerce Pk. CR0: Wadd 4C 12
Commerce Way CR0: Wadd 4C 12
Commonfield Rd. SM7: Bans . . .1B 22
Commonside Cl. CR5: Coul 7E 24
SM2: Sutt 5C 16
Commonside E. CR4: Mitc 5H 5
(not continuous)
Commonside W. CR4: Mitc 5G 5
Comport Grn. CR0: New Ad 6K 21
Compton Ct. SE19 . . . . .1H 7
SM1: Sutt 6D 10
Compton Rd. CR0: Croy 3A 14
SW19 . . . . .1A 4
Conduit La. CR0: Croy 7K 13
CR2: S Croy 7K 13
Coneybury Cl. CR6: Warl 6A 26
CONEY HALL 5K 15
Coney Hall Pde.
BR4: W W'ck 5K 15
Coney Hill Rd. BR4: W W'ck . . .4K 15
Conifer Gdns. SM1: Sutt 4C 10
Coningsby Ct. CR4: Mitc 4H 5
Coningsby Rd. CR2: S Croy 3F 19
Coniston Gdns. SM2: Sutt 1E 16
Coniston Rd. BR1: Brom 1K 9
CR0: Croy 2K 13
CR5: Coul 3K 23
Connaught Bus. Cen.
CR0: Wadd 1C 18
CR4: Mitc 7G 5
Connaught Cl. SM1: Sutt 4E 10
Connaught Gdns. SM4: Mord 6D 4
Connaught Rd. SM1: Sutt 4E 10
Constance Rd. CR0: Croy 2E 12
SM1: Sutt 6D 10
Convent Cl. BR3: Beck 2H 9
Convent Hill SE19 . . . . .1F 7
Conway Dr. SM2: Sutt 1C 16
Conway Gdns. CR4: Mitc 6B 6
Conyer's Rd. SW16 . . . . .1A 6
Coombe Av. CR0: Croy 6H 13
Coombe Ct. CR0: Croy 6D 28
Coombe La. CR0: Croy 7A 14
Coombe Lane Stop (CT) 7B 14
Coombe Rd.
CR0: Croy 6C 28 (6G 13)
Coomber Way CR0: Bedd 2A 12
Coombe Wlk. SM1: Sutt 5C 10
Coombe Wood Hill CR8: Purl . . .7F 19
Cooper Cres. SM5: Cars 5G 11
Cooper Rd.
CR0: Wadd 7A 28 (6E 12)
Coopers M. BR3: Beck 4F 9
Cooper's Yd. SE19 . . . . .1H 7
Copeman Cl. SE26 . . . . .1B 8
Copers Cope Rd. BR3: Beck 2E 8
Copgate Path SW16 . . . . .1C 6
Copley Pk. SW16 . . . . .1C 6
Copper Cl. SE19 . . . . .2J 7
Copperfield Cl. CR2: Sand 5F 19
Copperfields BR3: Beck 3H 9
Coppice Cl. BR3: Beck 6G 9
Copping Cl. CR0: Croy 6H 13
Coppins, The CR0: New Ad 1G 21
Copse Av. BR4: W W'ck 4G 15
Copse Hill CR8: Purl 7B 18
SM2: Sutt 2C 16
Copse Vw. CR2: Sels 3C 20
Copt Hill La. KT20: Tad 7A 22
Copthorne Ri. CR2: Sand 7G 19
Corbet Cl. SM6: Wall 3H 11
Corbett Cl. CR0: New Ad 6J 21
Cordrey Gdns. CR5: Coul 2B 24
(not continuous)
Corkscrew Hill BR4: W W'ck . . .4H 15
Cormorant Pl. SM1: Sutt 7A 10
Cornerstone Ho. CR0: Croy 2F 13
Cornflower La. CR0: Croy 3C 14

34 A-Z Croydon

Cornish Gro.—Denison Rd.

Cornish Gro. SE20 3A 8
Cornwall Gdns. SE25 6J 7
Cornwall Rd.
CR0: Croy 2A 28 (4E 12)
SM2: Sutt 2A 16
Corrib Dr. SM1: Sutt 7F 11
Corrigan Av. CR5: Coul 2H 23
Corsehill St. SW16 1K 5
Cosdach Av. SM6: Wall 2A 18
Cosedge Cres. CR0: Wadd 7D 12
Cotelands CR0: Croy 5H 13
Cotford Rd. CR7: Thor H 6F 7
Cotswold Rd. SM2: Sutt 4C 16
Cottingham Rd. SE20 2C 8
Cottongrass Cl. CR0: Croy 3C 14
COULSDON 3A 24
Coulsdon Ct. Rd. CR5: Coul 3C 24
Coulsdon La. CR5: Chip 6G 23
Coulsdon Nth. Ind. Est.
CR5: Coul 3A 24
Coulsdon Ri. CR5: Coul 4B 24
Coulsdon Rd. CR5: Coul 2C 24
Coulsdon South Station (Rail) 3A 24
Coulthurst Ct. *SW16* *2B 6*
(off Heybridge Av.)
County Rd. CR7: Thor H 4E 6
Court, The CR6: Warl 5D 26
Court Av. CR5: Coul 5D 24
Court Bushes Rd. CR3: Warl 6K 25
Court Cl. SM6: Wall 2A 18
Court Downs Rd.
BR3: Beck 4G 9
Court Dr. CR0: Wadd 6C 12
SM1: Sutt 6F 11
Courtenay Av. SM2: Sutt 3B 16
Courtenay Dr. BR3: Beck 4J 9
Courtenay Rd. SE20 1C 8
Court Farm Pk. CR6: Warl 3K 25
Court Farm Rd. CR6: Warl 5K 25
Courtfield Ri. BR4: W W'ck 5J 15
Court Haw SM7: Bans 2F 23
Court Hill CR2: Sand 6H 19
CR5: Chip 5F 23
Courthope Vs. SW19 2A 4
Courtland Av. SW16 2C 6
Courtlands Av. BR2: Hayes 3K 15
Courtlands Cl. CR2: Sand 4J 19
Courtlands Cres. SM7: Bans 2B 22
Courtney Cl. SE19 1H 7
Courtney Cres. SM5: Cars 2G 17
Courtney Pl. CR0: Wadd 5D 12
Courtney Rd. CR0: Wadd 5D 12
SW19 2F 5
Court Rd. SE25 4J 7
SM7: Bans 3B 22
Court Wood La. CR0: Sels 5E 20
Courtyard, The CR3: Whyt 5J 25
Courtyard Theatre, The
Chipstead Bottom 7G 23
Coventry Hall SW16 1B 6
Coventry Rd. SE25 6K 7
Coverack Cl. CR0: Croy 2D 14
Coverdale Gdns. CR0: Croy 5J 13
Covert, The *SE19* *2J 7*
(off Fox Hill)
Covey Cl. SW19 4C 4
Covington Gdns.
SW16 2E 6
Covington Way SW16 1C 6
(not continuous)
Cowdrey Rd. SW19 1C 4
Cowley Cl. CR2: Sels 3B 20
Cowper Av. SM1: Sutt 6E 10
Cowper Gdns. SM6: Wall 1K 17
Cowper Rd. SW19 1D 4
Coxley Ri. CR8: Purl 7F 19
Coxwell Rd. SE19 2H 7
Crab Hill BR3: Beck 2J 9
Crabtree Wlk. CR0: Croy 3K 13
Craigen Av. CR0: Croy 3A 14
Craignish Av. SW16 4C 6
Crampton Rd. SE20 1B 8
Cranbourne Cl. SW16 5B 6
Cranbrook Rd. CR7: Thor H 4F 7
Cranfield Rd. E. SM5: Cars 3H 17
Cranfield Rd. W. SM5: Cars 3G 17
Cranford Cl. CR8: Purl 7F 19
Cranleigh Cl. CR2: Sand 6K 19
SE20 4A 8
Cranleigh Ct. CR4: Mitc 5E 4
Cranleigh Gdns. CR2: Sand 6K 19
SE25 5H 7
SM1: Sutt 4C 10
Cranleigh Rd. SW19 5B 4
Cranley Gdns. SM6: Wall 2K 17
Cranmer Cl. CR6: Warl 4D 26
Cranmer Farm Cl. CR4: Mitc 6G 5
Cranmer Gdns. CR6: Warl 4D 26
Cranmer Rd.
CR0: Croy 4A 28 (5E 12)
CR4: Mitc 6G 5
Craven Gdns. SW19 1B 4
Craven Rd. CR0: Croy 3A 14
Credenhill St. SW16 1K 5
Crescent, The BR3: Beck 3F 9
BR4: W W'ck 1K 15
CR0: Croy 7G 7
SM1: Sutt 7E 10
SM2: Sutt 5B 16
Crescent Gro. CR4: Mitc 6F 5
Crescent Rd. BR3: Beck 4G 9
Crescent Way SW16 1C 6
Cressingham Gro. SM1: Sutt 6D 10
Cresswell Rd. SE25 6K 7
Crest Rd. BR2: Hayes 2K 15
CR2: Sels 2A 20
Creswell Dr. BR3: Beck 7G 9
Crewe's Av. CR6: Warl 3B 26
Crewe's Cl. CR6: Warl 4B 26
Crewe's Farm La. CR6: Warl 3C 26
Crewe's La. CR6: Warl 3B 26
(not continuous)
Crichton Av. SM6: Bedd 7A 12
Crichton Rd. SM5: Cars 1G 17
Cricketers Ter. SM5: Cars 5F 11
Cricket Grn. CR4: Mitc 5G 5
Cricket La. BR3: Beck 1D 8
Crispin Cl. CR0: Bedd 4B 12
Crispin Cres. CR0: Bedd 5A 12
Crocus Cl. CR0: Croy 3C 14
Croft Av. BR4: W W'ck 3H 15
Crofters Mead CR0: Sels 3E 20
Croftleigh Av. CR8: Purl 3D 24
Croft Rd. SM1: Sutt 7F 11
SW16 3D 6
SW19 2D 4
Croftside, The SE25 5K 7
Croham Cl. CR2: S Croy 2H 19
Croham Mnr. Rd.
CR2: S Croy 2H 19
Croham Mt. CR2: S Croy 2H 19
Croham Pk. Av. CR2: S Croy 7H 13
Croham Rd. CR2: S Croy 7H 13
Croham Valley Rd. CR2: Sels 1K 19
Croindene Rd. SW16 3B 6
Cromerhyde SM4: Mord 7C 4
Cromer Rd. SE25 5A 8
SW17 1H 5
Cromwell Gro. CR3: Cat'm 7F 25
Cromwell Ho.
CR0: Croy 5A 28 (5E 12)
Cromwell Rd. BR3: Beck 4D 8
CR0: Croy 2G 13
CR3: Cat'm 7F 25
SW19 1B 4
Crossland Rd. CR7: Thor H 1E 12
Cross Rd. CR0: Croy 1E 28 (3G 13)
CR8: Purl 7E 18
SM1: Sutt 7E 10
SM2: Sutt 4B 16
SW19 2B 4
Crossways CR2: Sels 2D 20
SM2: Sutt 3E 16
Crossways, The CR5: Coul 6C 24
Crossways Rd. BR3: Beck 6F 9
CR4: Mitc 5J 5
Crouch Cl. BR3: Beck 1F 9
Crowborough Cl. CR6: Warl 5D 26
Crowborough Dr. CR6: Warl 5D 26
Crowborough Rd. SW17 1H 5
Crowland Rd. CR7: Thor H 6G 7
Crowland Wlk. SM4: Mord 1C 10
Crowley Cres. CR0: Wadd 7D 12
Crownbourne Ct. *SM1: Sutt* *6C 10*
(off St Nicholas Way)
Crown Dale SE19 1E 6
Crown Hill CR0: Croy 3B 28 (4F 13)
Crown La. SM4: Mord 6B 4
SW16 1D 6
Crown La. Gdns. SW16 1D 6
Crown Pde. SM4: Mord 5B 4
Crown Point SE19 1E 6
Crown Rd. SM1: Sutt 6C 10
SM4: Mord 6C 4
Crowther Rd. SE25 7K 7
Croxden Wlk. SM4: Mord 1D 10
CROYDON 4C 28 (4F 13)
Croydon Airport Ind. Est.
CR0: Wadd 1C 18
Croydon Clocktower *4C 28*
(off Katherine St.)
Croydon Crematorium
CR0: Croy 7C 6
Croydon Flyover, The
CR0: Croy 6A 28 (6E 12)
Croydon Gro. CR0: Croy 3E 12
Croydon La. SM7: Bans 1D 22
Croydon La. Sth. SM7: Bans 1D 22
Croydon Rd. BR2: Hayes, Kes 5K 15
BR3: Beck 6C 8
BR4: Hayes, W W'ck 5K 15
CR0: Bedd, Wadd 6J 11
CR0: Croy 6H 5
CR3: Cat'm 7A 26
CR4: Mitc 6H 5
SE20 4A 8
SM6: Bedd, Wall 6J 11
Croydon Rd. Ind. Est.
BR3: Beck 6C 8
Croydon Sports Arena 7B 8
Croydon Sports Club 5B 20
Crozier Dr. CR2: Sels 4A 20
Crunden Rd. CR2: S Croy 2G 19
Crusader Gdns. CR0: Croy 5H 13
Crusoe Rd. CR4: Mitc 2G 5
CRYSTAL PALACE 1J 7
Crystal Palace Athletics Stadium
1K 7
Crystal Palace FC 6H 7
Crystal Palace Indoor Bowling Club
3A 8
(off Ashurst Cl.)
Crystal Palace Mus. 1J 7
Crystal Palace National Sports Cen.
1K 7
Crystal Pal. Pde. SE19 1J 7
Crystal Palace Station (Rail) 1K 7
Crystal Pal. Sta. Rd.
SE19 1K 7
Crystal Ter. SE19 1G 7
Cuddington Pk. Cl.
SM7: Bans 7A 16
Cuddington Way
SM2: Cheam 5A 16
Cudham Cl. SM2: Sutt 4B 16
Cudham Dr. CR0: New Ad 4H 21
Cullesden Rd. CR8: Kenl 2E 24
Culmington Rd. CR2: S Croy 3F 19
Culvers Av. SM5: Cars 4G 11
Culvers Retreat SM5: Cars 3G 11
Culvers Way SM5: Cars 4G 11
Cumberland Ct.
CR0: Croy 1E 28 (3G 13)
Cumberland Rd. BR2: Brom 6K 9
SE25 1A 14
Cumberlands CR8: Kenl 2G 25
Cumberlow Av. SE25 5J 7
Cumnor Ri. CR8: Kenl 4F 25
Cumnor Rd. SM2: Sutt 1D 16
Cunliffe St. SW16 1K 5
Cunningham Cl.
BR4: W W'ck 4G 15
Cunningham Rd. SM7: Bans 2E 22
Curlew Cl. CR2: Sels 5C 20
Curling Cl. CR5: Coul 7C 24
Curran Av. SM6: Wall 5H 11
Curzon Rd. CR7: Thor H 1D 12
Cuthbert Gdns. SE25 5H 7
Cuthbert Rd.
CR0: Croy 3A 28 (4E 12)
Cygnus Ct. *CR8: Purl* *5E 18*
(off Brighton Rd.)
Cypress Ct. SM1: Sutt 7B 10
Cypress Rd. SE25 4H 7

D

Dacre Rd. CR0: Croy 2B 12
Daffodil Cl. CR0: Croy 3C 14
Dagmar Rd. SE25 7H 7
Dagnall Pk. SE25 1H 13
Dagnall Rd. SE25 7H 7
Dahlia Gdns. CR4: Mitc 6A 6
Dahomey Rd. SW16 1K 5
Daimler Way SM6: Wall 2B 18
Dairy Cl. CR7: Thor H 4F 7
Daisy Cl. CR0: Croy 3C 14
Dakota Cl. SM6: Wall 2C 18
Dalegarth Gdns. CR8: Purl 7G 19
Dale Pk. Av. SM5: Cars 4G 11
Dale Pk. Rd. SE19 3F 7
Dale Rd. CR8: Purl 6D 18
SM1: Sutt 6A 10
Dallas Rd. SM3: Cheam 1A 16
Dalmally Rd. CR0: Croy 2J 13
Dalmany Pas. CR0: Croy 2J 13
Dalmeny Av. SW16 4D 6
Dalmeny Rd. SM5: Cars 2H 17
Dalton Av. CR4: Mitc 4F 5
Dalton Cl. CR8: Purl 6F 19
Damask Ct. SM1: Sutt 3C 10
Damson Way SM5: Cars 3G 17
Danbrook Rd. SW16 3B 6
Danbury M. SM6: Wall 6J 11
Danebury CR0: New Ad 1H 21
Danecourt Gdns. CR0: Croy 5J 13
Dane Rd. CR6: Warl 4C 26
SW19 3D 4
Danescourt Cres.
SM1: Sutt 4D 10
Daniel Cl. SW17 1F 5
Daniell Way CR0: Wadd 3B 12
Daniels La. CR6: Warl 3E 26
Daniel Way SM7: Bans 1C 22
Darcy Av. SM6: Wall 6K 11
Darcy Cl. CR5: Coul 6E 24
Darcy Rd. SW16 4B 6
Dargate Cl. SE19 2J 7
Darley Cl. CR0: Croy 1D 14
Darley Gdns. SM4: Mord 1D 10
Darmaine Cl. CR2: S Croy 2F 19
Dartnell Rd. CR0: Croy 2J 13
Davenant Rd.
CR0: Croy 6A 28 (6E 12)
David Lean Cinema *4C 28*
(In Clocktower.)
Davidson Rd. CR0: Croy 3H 13
Davies Cl. CR0: Croy 1K 13
Daybrook Rd. SW19 4C 4
Days Acre CR2: Sand 4J 19
Deacon Cl. CR8: Purl 3B 18
Deal Rd. SW17 1H 5
Deanfield Gdns.
CR0: Croy 7D 28 (6G 13)
Dean Rd. CR0: Croy 7D 28 (6G 13)
Deans Cl. CR0: Croy 5J 13
Deans Rd. SM1: Sutt 5C 10
Dean's Wlk. CR5: Coul 5D 24
Dearn Gdns. CR4: Mitc 5F 5
De Burgh Pk. SM7: Bans 2C 22
De Burgh Rd. SW19 2D 4
Decimus Cl. CR7: Thor H 6G 7
Deen City Farm 4D 4
Deepdale Ct. CR0: Croy 6E 28
Deepdene Av. CR0: Croy 5J 13
Deepdene Ct. BR2: Brom 5K 9
Deepfield Way CR5: Coul 3B 24
Deerhurst Rd. SW16 1C 6
Deer Pk. Gdns. CR4: Mitc 6E 4
Deer Pk. Rd. SW19 4C 4
Deer Pk. Way BR4: W W'ck 4K 15
Defiant Way SM6: Wall 2B 18
Defoe Cl. SW17 1F 5
De Havilland Cl. SM6: Wall 2A 18
Delacy Ct. SM2: Sutt 5B 16
Delamare Cres. CR0: Croy 1B 14
Dell, The SE19 3J 7
Dell Cl. SM6: Wall 6K 11
Dellfield Cl. BR3: Beck 3H 9
Delmey Cl. CR0: Croy 5J 13
Delta Point CR0: Croy 1C 28
Demesne Rd. SM6: Wall 6A 12
Denbigh Cl. SM1: Sutt 7A 10
Den Cl. BR3: Beck 5J 9
Dene, The CR0: Croy 6C 14
SM2: Cheam 5A 16
Dene Cl. CR5: Chip 6F 23
Dene Ct. *CR2: S Croy* *7F 13*
(off Warham Rd.)
Denefield Dr. CR8: Kenl 2G 25
Denham Cres. CR4: Mitc 6G 5
Denison Rd. SW19 1E 4

A-Z Croydon 35

Denmark Ct.—Elm Rd. W.

Denmark Ct. SM4: Mord 1B 10
Denmark Gdns. SM5: Cars 5G 11
Denmark Path SE25 . . . . .7A 8
Denmark Rd. SE25 . . . . .7K 7
SM5: Cars 5G 11
Denmead Rd.
CR0: Croy 1A 28 (3E 12)
Denmore Ct. SM6: Wall 7J 11
Dennett Rd. CR0: Croy 3D 12
Denning Av. CR0: Wadd 6D 12
Dennis Ho. SM1: Sutt 6C 10
Dennis Reeve Cl. CR4: Mitc 3G 5
Den Rd. BR2: Brom 5J 9
Densham Dr. CR8: Purl 1D 24
Densole Cl. BR3: Beck 3D 8
Derby Rd. CR0: Croy . . .1A 28 (3E 12)
SM1: Sutt 1A 16
SW19 . . . . .2B 4
Derek Av. SM6: Wall 6J 11
Dering Pl. CR0: Croy . . .7C 28 (6F 13)
Dering Rd.
CR0: Croy 7C 28 (6F 13)
Deroy Cl. SM5: Cars 1G 17
Derrick Av. CR2: Sand 4F 19
Derrick Rd. BR3: Beck 5E 8
Derry Rd. CR0: Bedd 5B 12
Derwent Dr. CR8: Purl 7G 19
Derwent Ho. *SE20 . . . . .4A 8*
(off Derwent Rd.)
Derwent Rd. SE20 . . . . .4K 7
Derwent Wlk. SM6: Wall 2J 17
Devana End SM5: Cars 5G 11
Deveraux Cl. BR3: Beck 7H 9
De Vere Cl. SM6: Wall 2B 18
Devon Cl. CR8: Kenl 3J 25
Devon Rd. SM2: Cheam 3A 16
Devonshire Av. SM2: Sutt 2D 16
Devonshire Ho. SM2: Sutt 2D 16
Devonshire Rd. CR0: Croy 2G 13
SM2: Sutt 2D 16
SM5: Cars 6H 11
SW19 . . . . .2F 5
Devonshire Way CR0: Croy 4D 14
Dibdin Cl. SM1: Sutt 5B 10
Dibdin Rd. SM1: Sutt 5B 10
Diceland Rd. SM7: Bans 3A 22
Dickensons La. SE25 . . . . .7K 7
(not continuous)
Dickensons Pl. SE25 . . . . .1K 13
Dickenswood Cl. SE19 . . . . .2E 6
Digby Pl. CR0: Croy 5J 13
Dingwall Av.
CR0: Croy 3C 28 (4F 13)
Dingwall Rd.
CR0: Croy 1D 28 (3G 13)
SM5: Cars 3G 17
Dinsdale Gdns. SE25 . . . . .7H 7
Dinton Rd. SW19 . . . . .1E 4
Ditches La. CR5: Coul 7B 24
Dittoncroft Cl. CR0: Croy 6H 13
Ditton Pl. SE20 . . . . .3A 8
Dixon Pl. BR4: W W'ck 3G 15
Dixon Rd. SE25 . . . . .5H 7
Doble Ct. CR2: Sand 6K 19
Doel Cl. SW19 . . . . .2D 4
Doghurst La. CR5: Chip 7G 23
Dominion Rd. CR0: Croy 2J 13
Donald Rd. CR0: Croy 2D 12
Donne Pl. CR4: Mitc 6J 5
Donnybrook Rd. SW16 . . . . .2K 5
Doral Way SM5: Cars 7G 11
Dorchester Rd. SM4: Mord 2C 10
Dore Gdns. SM4: Mord 2C 10
Doric Dr. KT20: Tad 7A 22
Dorin Ct. CR6: Warl 7A 26
Dornford Gdns. CR5: Coul 6F 25
Dornton Rd. CR2: S Croy 1G 19
Dorothy Pettingell Ho.
SM1: Sutt 5C 10
(off Angel Hill)
Dorrington Ct. SE25 . . . . .4H 7
Dorrington Way BR3: Beck 7H 9
Dorryn Ct. SE26 . . . . .1C 8
Dorset Gdns. CR4: Mitc 6C 6
Dorset Rd. BR3: Beck 5C 8
CR4: Mitc 4F 5
SM2: Sutt 4B 16
SW19 . . . . .3B 4
Douglas Cl. SM6: Wall 1B 18
Douglas Dr. CR0: Croy 5F 15
Douglas M. SM7: Bans 3A 22
Douglas Robinson Ct.
SW16 . . . . .2B 6
(off Streatham High Rd.)
Douglas Sq. SM4: Mord 1B 10
Dove Cl. CR2: Sels 5C 20
SM6: Wall 2C 18
Dovedale Ri. CR4: Mitc 2G 5
Dovercourt Av. CR7: Thor H 7D 6
Dovercourt La. SM1: Sutt 5D 10
Dover Gdns. SM5: Cars 5G 11
Dover Rd. SE19 . . . . .1G 7
Doveton Rd. CR2: S Croy 7G 13
Dower Av. SM6: Wall 3J 17
Dowman Cl. SW19 . . . . .2C 4
Downe Rd. CR4: Mitc 4G 5
Downes Ho. CR0: Wadd 7A 28
Downlands Ct. CR5: Coul 1J 23
Downlands Rd. CR8: Purl 7B 18
Downsbridge Rd. BR3: Beck 3J 9
Downs Ct. Rd. CR8: Purl 6E 18
Downscourt Rd. CR8: Purl 6E 18
Downs Hill BR3: Beck 2J 9
Downside Cl. SW19 . . . . .1D 4
Downside Rd. SM2: Sutt 1E 16
Downs Rd. BR3: Beck 4G 9
(not continuous)
CR5: Coul 5A 24
CR7: Thor H 3F 7
CR8: Purl 5E 18
SM2: Sutt 4C 16
Downs Side SM2: Cheam 5A 16
Downsview Gdns. SE19 . . . . .2E 6
Downsview Rd. SE19 . . . . .2F 7
Downsway CR2: Sand 5H 19
CR3: Whyt 3J 25
Downsway, The SM2: Sutt 3D 16
Doyle Rd. SE25 . . . . .6K 7
Dragons Health Club
Purley 2D 18
Drake Rd. CR0: Croy 2C 12
CR4: Mitc 1H 11
Drakewood Rd. SW16 . . . . .2A 6
Drayton Rd.
CR0: Croy 2A 28 (4E 12)
Driftway, The CR4: Mitc 3H 5
Driftwood Dr. CR8: Kenl 4E 24
Drive, The BR3: Beck 4F 9
BR4: W W'ck 2J 15
CR5: Coul 1B 24
CR7: Thor H 6G 7
SM2: Cheam 6A 16
SM4: Mord 7D 4
SM6: Wall 4K 17
SM7: Bans 3A 22
Drive Mead CR5: Coul 1B 24
Drive Rd. CR5: Coul 7A 24
(not continuous)
Drive Spur KT20: Kgswd 7C 22
Drovers Rd. CR2: S Croy 7G 13
Druids Way BR2: Brom 6J 9
Drummond Rd.
CR0: Croy 3B 28 (4F 13)
(not continuous)
Drury Cres. CR0: Wadd 4D 12
Dryden Rd. SW19 . . . . .1D 4
Duchess Cl. SM1: Sutt 6D 10
Dudley Dr. SM4: Mord 2A 10
Dudley Rd. SW19 . . . . .1B 4
Duke of Edinburgh Rd.
SM1: Sutt 4E 10
Dukes Hill CR3: Wold 7D 26
(not continuous)
Duke St. SM1: Sutt 6E 10
Dukes Way BR4: W W'ck 5K 15
Dulverton Rd. CR2: Sels 4B 20
Dulwich Wood Av. SE19 . . . . .1J 7
Dunbar Av. BR3: Beck 6D 8
SW16 . . . . .4D 6
Dunbar Ct. SM1: Sutt 7E 10
Duncan Rd. KT20: Tad 6A 22
Dundee Rd. SE25 . . . . .7A 8
Dundonald Rd. SW19 . . . . .2A 4
(not continuous)
Dundonald Road Stop (CT) 2A 4
Dunheved Cl. CR7: Thor H 1D 12
Dunheved Rd. Nth.
CR7: Thor H 1D 12
Dunheved Rd. Sth.
CR7: Thor H 1D 12
Dunheved Rd. W.
CR7: Thor H 1D 12
Dunkeld Rd. SE25 . . . . .6G 7
Dunley Dr. CR0: New Ad 2G 21
Dunmail Dr. CR8: Purl 1H 25
Dunnymans Rd.
SM7: Bans 2A 22
Dunsbury Cl. SM2: Sutt 3C 16
Dunsfold Cl. *SM2: Sutt 2C 16*
(off Blackbush Cl.)
Dunsfold Ri. CR5: Coul 7A 18
Dunsfold Way
CR0: New Ad 3G 21
Dunstan Rd. CR5: Coul 4A 24
Dunster Way SM6: Wall 3H 11
Duppas Av.
CR0: Wadd 7A 28 (6E 12)
Duppas Ct. CR0: Croy 5A 28
Duppas Hill La.
CR0: Croy 6A 28 (6E 12)
Duppas Hill Rd.
CR0: Wadd 6A 28 (6D 12)
Duppas Hill Ter.
CR0: Croy 5A 28 (5E 12)
Duppas Rd. CR0: Wadd 5D 12
Duraden Cl. BR3: Beck 2G 9
Durand Cl. SM5: Cars 3G 11
Durban Rd. BR3: Beck 4E 8
Durham Av. BR2: Brom 6K 9
Durham Ho. BR2: Brom 6K 9
Durham Rd. BR2: Brom 5K 9
Durning Rd. SE19 . . . . .1G 7
Dykes Way BR2: Brom 5K 9

E

Eagle Cl. SM6: Wall 1B 18
Eagle Hill SE19 . . . . .1G 7
Eagle Trad. Est. CR4: Mitc 1G 11
Eardley Rd. SW16 . . . . .1K 5
Earlswood Av. CR7: Thor H 7D 6
Easby Cres. SM4: Mord 1C 10
East Av. SM6: Wall 7C 12
Eastbourne Rd. SW17 . . . . .1H 5
East Croydon Station (Rail & CT)
. . . . .3E 28 (4G 13)
East Dr. SM5: Cars 3F 17
Eastfields Rd. CR4: Mitc 4H 5
East Gdns. SW17 . . . . .1F 5
Eastgate SM7: Bans 1A 22
East Hill CR2: Sand 4H 19
E. India Way CR0: Croy 3J 13
Eastleigh Cl. SM2: Sutt 2C 16
Eastney Rd.
CR0: Croy 1A 28 (3E 12)
East Parkside CR6: Warl 3F 27
East Rd. SW19 . . . . .1D 4
East Way CR0: Croy 4D 14
Eastway SM6: Wall 6K 11
Eastwell Cl. BR3: Beck 2D 8
Eastwood St. SW16 . . . . .1K 5
Eaton Rd. SM2: Sutt 1E 16
Ebenezer Wlk. SW16 . . . . .3K 5
Ecclesbourne Rd.
CR7: Thor H 7F 7
Edar Ho. CR0: New Ad 1G 21
Edencourt Rd. SW16 . . . . .1J 5
EDEN PARK 7F 9
Eden Pk. Av. BR3: Beck 6D 8
(not continuous)
Eden Park Station (Rail) 7F 9
Eden Rd. BR3: Beck 6D 8
CR0: Croy 6D 28 (6G 13)
Edenvale Cl. CR4: Mitc 2H 5
Edenvale Rd. CR4: Mitc 2H 5
Eden Way BR3: Beck 7E 8
CR6: Warl 5D 26
Ederline Av. SW16 . . . . .5C 6
Edgar Rd. CR2: Sand 3G 19
Edgecoombe CR2: Sels 2B 20
Edgehill Rd. CR4: Mitc 3J 5
CR8: Purl 4D 18
Edgepoint Cl. SE27 . . . . .1E 6
Edgewood Grn. CR0: Croy 3C 14
Edgeworth Cl. CR3: Whyt 5K 25
Edgington Rd. SW16 . . . . .1A 6
Edinburgh Rd. SM1: Sutt 4D 10
Edith Rd. SE25 . . . . .7G 7
SW19 . . . . .1C 4
Edmund Rd. CR4: Mitc 5F 5
Edridge Rd.
CR0: Croy 5C 28 (5F 13)
Edward Av. SM4: Mord 7E 4
Edward Rd. CR0: Croy 2H 13
CR5: Coul 2A 24
SE20 . . . . .2C 8
Edwards Ct. *CR0: Croy 6H 13*
(off South Pk. Hill Rd.)
Edwin Pl. CR0: Croy 1E 28
Effingham Cl. SM2: Sutt 2C 16
Effingham Rd. CR0: Croy 2C 12
Effra Cl. SW19 . . . . .1C 4
Effra Rd. SW19 . . . . .1C 4
Egerton Rd. SE25 . . . . .5H 7
Egleston Rd. SM4: Mord 1C 10
Eglise Rd. CR6: Warl 4D 26
Egmont Rd. SM2: Sutt 2D 16
Egmont Way KT20: Tad 6A 22
Eighteenth Rd. CR4: Mitc 6B 6
Eileen Rd. SE25 . . . . .7G 7
Eindhoven Cl. SM5: Cars 3H 11
Eland Pl. CR0: Wadd . . .4A 28 (5E 12)
Eland Rd.
CR0: Wadd 4A 28 (5E 12)
Elberon Av. CR0: Bedd 1K 11
Elborough Rd. SE25 . . . . .7K 7
Elder Oak Cl. SE20 . . . . .3A 8
Elder Oak Ct. *SE20 . . . . .3A 8*
(off Anerley Ct.)
Elder Rd. SE27 . . . . .1F 7
Elderslie Cl. BR3: Beck 7F 9
Eldertree Pl. CR4: Mitc 3K 5
Eldertree Way CR4: Mitc 3K 5
Elderwood Pl. SE27 . . . . .1F 7
Eldon Av. CR0: Croy 4B 14
Eldon Pk. SE25 . . . . .6A 8
Eldon Rd. CR3: Cat'm 7G 25
Elgar Av. SW16 . . . . .5B 6
Elgin Ct. CR2: S Croy 7B 28
Elgin Rd. CR0: Croy 4J 13
SM1: Sutt 5D 10
SM6: Wall 1K 17
Elis David Almshouses
CR0: Croy 5A 28 (5E 12)
Elizabeth Cl. SM1: Sutt 6A 10
Elizabeth Ct. *BR1: Brom 3K 9*
(off Highland Rd.)
CR3: Whyt 5J 25
Elizabeth Way SE19 . . . . .2G 7
Ella Cl. BR3: Beck 4F 9
Ellenbridge Way CR2: Sand 3H 19
Ellery Rd. SE19 . . . . .2G 7
Ellesmere Av. BR3: Beck 4G 9
Ellesmere Dr. CR2: Sand 1A 26
Elliott Rd. CR7: Thor H 6E 6
Ellis Cl. CR5: Coul 7C 24
Ellison Rd. SW16 . . . . .2A 6
Ellis Rd. CR4: Mitc 1G 11
CR5: Coul 7C 24
Ellora Rd. SW16 . . . . .1A 6
Elmbrook Rd. SM1: Sutt 6A 10
Elm Cl. CR2: S Croy 1H 19
CR6: Warl 4C 26
SM5: Cars 3G 11
Elm Cotts. CR4: Mitc 4G 5
Elm Ct. CR4: Mitc 4G 5
Elmdene Cl. BR3: Beck 1E 14
ELMERS END 6C 8
Elmers End Rd. BR3: Beck 4B 8
SE20 . . . . .4B 8
Elmers End Station (Rail & CT)
. . . . .6C 8
Elmerside Rd. BR3: Beck 6D 8
Elmers Lodge BR3: Beck 6C 8
Elmers Rd. SE25 . . . . .2K 13
Elmfield Av. CR4: Mitc 3H 5
Elmfield Way CR2: Sand 3J 19
Elm Gdns. CR4: Mitc 6A 6
Elm Gro. SM1: Sutt 6C 10
Elm Gro. Pde. SM6: Wall 5H 11
Elmgrove Rd. CR0: Croy 2A 14
Elmhurst Av. CR4: Mitc 2J 5
Elmhurst Ct.
CR0: Croy 7D 28 (6G 13)
Elmhurst Lodge SM2: Sutt 2D 16
Elm Pk. Gdns. CR2: Sels 4B 20
Elm Pk. Rd. SE25 . . . . .5J 7
Elm Rd. BR3: Beck 4E 8
CR6: Warl 4C 26
CR7: Thor H 6G 7
CR8: Purl 7E 18
SM6: Wall 3H 11
Elm Rd. W. SM3: Sutt 2A 10

36 A-Z Croydon

Elms, The—Frimley Cl.

Elms, The *CR0: Croy* *3F 13*
(off Tavistock Rd.)
Elmside CR0: New Ad 1G **21**
Elmsleigh Ct. SM1: Sutt 5C **10**
Elmwood Cl. SM6: Wall 4J **11**
Elmwood Rd. CR0: Croy 2E **12**
CR4: Mitc 5G **5**
Elphinstone Ct. SW16 . . . . 1B **6**
Elsa Ct. BR3: Beck 3E **8**
Elsrick Av. SM4: Mord 7B **4**
Elstan Way CR0: Croy 2D **14**
Elstree Hill BR1: Brom 2K **9**
Elton Rd. CR8: Purl 6K **17**
Elvino Rd. SE26 . . . . 1D **8**
Elwill Way BR3: Beck 6H **9**
Ely Rd. CR0: Croy 7G **7**
Elystan Cl. SM6: Wall 2K **17**
Embassy Ct. SM6: Wall 1J **17**
Embassy Gdns. BR3: Beck 3E **8**
Emerald Ct. CR5: Coul 2A **24**
Empire Sq. *SE20* *2C 8*
(off High St.)
Ena Rd. SW16 . . . . 5B **6**
Endale Cl. SM5: Cars 4G **11**
Endeavour Way CR0: Bedd 2B **12**
Endsleigh Cl. CR2: Sels 4B **20**
Engadine Cl. CR0: Croy 5J **13**
Englefield Cl. CR0: Croy 1F **13**
Enmore Av. SE25 . . . . 7K **7**
Enmore Rd. SE25 . . . . 7K **7**
Ennerdale Cl. SM1: Sutt 6A **10**
Ensign Cl. CR8: Purl 4D **18**
Ensign Way SM6: Wall 2B **18**
Enterprise Cen., The
BR3: Beck *1D 8*
(off Cricket La.)
Enterprise Cl. CR0: Croy 3D **12**
Epsom Rd. CR0: Wadd 6D **12**
SM3: Sutt 2A **10**
SM4: Mord 2A **10**
Eresby Dr. BR3: Beck 3F **15**
Erica Gdns. CR0: Croy 5G **15**
Erin Cl. BR1: Brom 2K **9**
Ernest Cl. BR3: Beck 7F **9**
Ernest Gro. BR3: Beck 7E **8**
Erridge Rd. SW19 . . . . 4B **4**
Erskine Cl. SM1: Sutt 5F **11**
Erskine Rd. SM1: Sutt 6E **10**
Esam Way SW16 . . . . 1D **6**
Esher M. CR4: Mitc 5H **5**
Eskdale Gdns. CR8: Purl 1G **25**
Eskmont Ridge SE19 . . . . 2G **7**
Esporta Health & Fitness
Purley 1C **18**
Wimbledon 1A **4**
Essenden Rd. CR2: S Croy 2H **19**
Essex Gro. SE19 . . . . 1G **7**
Essex Twr. *SE20* *3A 8*
(off Jasmine Gro.)
Estcourt Rd. SE25 . . . . 1A **14**
Estreham Rd. SW16 . . . . 1A **6**
Euston Rd. CR0: Croy 3D **12**
Evelina Rd. SE20 . . . . 2B **8**
Eveline Rd. CR4: Mitc 3G **5**
Evelyn Rd. SW19 . . . . 1C **4**
Evelyn Way SM6: Bedd 6A **12**
Evening Hill BR3: Beck 2H **9**
Evergreen Cl. SE20 . . . . 2B **8**
Eversley Rd. SE19 . . . . 2G **7**
Eversley Way CR0: Croy 6F **15**
Everton Rd. CR0: Croy 3K **13**
Evesham Cl. SM2: Sutt 2B **16**
Evesham Grn. SM4: Mord 1C **10**
Evesham Rd. SM4: Mord 1C **10**
Ewhurst Av. CR2: Sand 3J **19**
Ewhurst Ct. CR4: Mitc 5E **4**
Exeter Rd. CR0: Croy 2H **13**
Eyebright Cl. CR0: Croy 3C **14**

F

Factory La.
CR0: Croy 2A **28** (3D **12**)
Factory Sq. *SW16* *1B 6*
(off Streatham High Rd.)
Fair Acres CR0: Sels 3E **20**
Fairbairn Cl. CR8: Purl 7D **18**
Fairchildes Av. CR0: New Ad . . . 6J **21**
Fairchildes Rd. CR6: Warl 1J **27**
Fairdene Rd. CR5: Coul 5A **24**
Fairfield Cl. CR4: Mitc 2F **5**
Fairfield Halls 4D **28** (5G **13**)
Fairfield Path
CR0: Croy 4E **28** (5G **13**)
Fairfield Rd. BR3: Beck 4F **9**
CR0: Croy 4E **28** (5G **13**)
Fairfield Way CR5: Coul 1A **24**
Fairford Av. CR0: Croy 7C **8**
Fairford Cl. CR0: Croy 7D **8**
Fairford Ct. SM2: Sutt 2C **16**
Fairgreen Rd. CR7: Thor H 7E **6**
Fairhaven Av. CR0: Croy 1C **14**
Fairhaven Ct. *CR2: S Croy* *7F 13*
(off Warham Rd.)
Fairholme Rd. CR0: Croy 2D **12**
SM1: Sutt 1A **16**
Fairlands Av. CR7: Thor H 6C **6**
SM1: Sutt 4B **10**
Fairlawnes SM6: Wall 7J **11**
Fairlawn Gro. SM7: Bans 7E **16**
Fairlawn Rd.
SM2: Bans, Sutt 5D **16**
(not continuous)
SW19 . . . . 2A **4**
Fairline Ct. BR3: Beck 4H **9**
Fairmead Rd. CR0: Croy 2C **12**
Fairmile Av. SW16 . . . . 1A **6**
Fairoak Cl. CR8: Kenl 2E **24**
Fairview Rd. SM1: Sutt 7E **10**
SW16 . . . . 3C **6**
Fairway SM5: Cars 5D **16**
Fairway Cl. CR0: Croy 7D **8**
Fairway Gdns. BR3: Beck 1J **15**
Fairways CR8: Kenl 4F **25**
Falconwood Rd. CR0: Sels 3E **20**
Falcourt Cl. SM1: Sutt 7C **10**
Falkland Pk. Av. SE25 . . . . 5H **7**
Fallsbrook Rd. SW16 . . . . 1J **5**
Famet Av. CR8: Purl 7F **19**
Famet Cl. CR8: Purl 7F **19**
Famet Gdns. CR8: Kenl 7F **19**
Famet Wlk. CR8: Purl 7F **19**
Faraday Rd. SW19 . . . . 1B **4**
Faraday Way CR0: Wadd 3C **12**
Farewell Pl. CR4: Mitc 3F **5**
FARLEIGH 1E **26**
FARLEIGH COMMON 1D **26**
Farleigh Ct. CR2: S Croy 7F **13**
Farleigh Ct. Rd. CR6: Warl 1E **26**
Farleigh Dean Cres.
CR0: Sels 5G **21**
Farleigh Rd. CR6: Warl 5C **26**
Farley Pl. SE25 . . . . 6K **7**
Farley Rd. CR2: Sels 2A **20**
Farm Cl. BR4: W W'ck 5K **15**
CR5: Chip 7G **23**
SM2: Sutt 2E **16**
SM6: Wall 4K **17**
Farmdale Rd. SM5: Cars 2F **17**
Farm Dr. CR0: Croy 4E **14**
CR8: Purl 6A **18**
Farmfield Rd. BR1: Brom 1K **9**
Farm Flds. CR2: Sand 5H **19**
Farmhouse Rd. SW16 . . . . 2K **5**
Farmington Av. SM1: Sutt 5E **10**
Farm La. CR0: Croy 4E **14**
CR8: Purl 4K **17**
Farm M. CR4: Mitc 4J **5**
Farm Rd. CR6: Warl 6D **26**
SM2: Sutt 2E **16**
SM4: Mord 7C **4**
Farmstead Ct. *SM6: Wall* *7J 11*
(off Melbourne Rd.)
Farnaby Rd. BR1: Brom 2J **9**
BR2: Brom 2J **9**
Farnan Rd. SW16 . . . . 1B **6**
Farnborough Av. CR2: Sels 3C **20**
Farnborough Cres.
CR2: Sels 3D **20**
Farnham Ct. SM3: Cheam 1A **16**
Farningham Ct. SW16 . . . . 2A **6**
Farnley Rd. SE25 . . . . 6G **7**
Farquhar Rd. SE19 . . . . 1J **7**
Farquharson Rd. CR0: Croy 3F **13**
Farrer's Pl. CR0: Croy 6C **14**
Farrier Pl. SM1: Sutt 5C **10**
Farthing Way CR5: Coul 4A **24**
Faversham Rd. BR3: Beck 4E **8**
SM4: Mord 1C **10**
Fawcett Rd.
CR0: Croy 5A **28** (5F **13**)
Featherbed La. CR0: Sels 2E **20**
CR6: Warl 2E **20**
Felbridge Cl. SM2: Sutt 3C **16**
Fellmongers Yd. CR0: Croy 4B **28**
Fellowes Rd. SM5: Cars 5F **11**
Fell Rd. CR0: Croy 4C **28** (5F **13**)
(not continuous)
Felmingham Rd. SE20 . . . . 4B **8**
Felnex Trad. Est.
SM6: Wall 4H **11**
Feltham Rd. CR4: Mitc 4G **5**
Fennel Cl. CR0: Croy 3C **14**
Fenwick Pl. CR2: S Croy 2E **18**
Ferguson Cl. BR2: Brom 5J **9**
Fern Av. CR4: Mitc 6A **6**
Fern Cl. CR6: Warl 5D **26**
Ferndale Rd. SE25 . . . . 7A **8**
SM7: Bans 3A **22**
Ferndown Cl. SM2: Sutt 1E **16**
Fernham Rd. CR7: Thor H 5F **7**
Fernhurst Rd. CR0: Croy 2A **14**
Fernlea Rd. CR4: Mitc 4H **5**
Fernleigh Cl. CR0: Wadd 6D **12**
Ferns Cl. CR2: Sand 4A **20**
Fernthorpe Rd. SW16 . . . . 1K **5**
Fernwood CR0: Sels 3D **20**
Ferrers Av. SM6: Bedd 6A **12**
Ferrers Rd. SW16 . . . . 1A **6**
Ferris Av. CR0: Croy 5E **14**
Festival Ct. SM1: Sutt 2C **10**
Festival Wlk. SM5: Cars 6G **11**
FICKLESHOLE 7H **21**
Fiddicroft Av. SM7: Bans 1C **22**
Field Cl. CR2: Sand 1A **26**
Field End CR5: Coul 1A **24**
Fieldend Rd. SW16 . . . . 3K **5**
Fieldgate La. CR4: Mitc 4F **5**
Fieldhouse Vs. SM7: Bans 2F **23**
Fieldings, The SM7: Bans 4A **22**
Fieldpark Gdns. CR0: Croy 3D **14**
Fieldsend Rd. SM3: Cheam 7A **10**
Fieldside Rd. BR1: Brom 1J **9**
Fieldway CR0: New Ad 2G **21**
Fieldway Stop (CT) 2G **21**
Figges Rd. CR4: Mitc 2H **5**
Filey Cl. SM2: Sutt 2D **16**
Finborough Rd. SW17 . . . . 1G **5**
Fire Sta. M. BR3: Beck 3F **9**
Fir Rd. SM3: Sutt 3A **10**
Firsby Av. CR0: Croy 3C **14**
Firs Cl. CR4: Mitc 3J **5**
Firs Rd. CR8: Kenl 2E **24**
Firtree Av. CR4: Mitc 4H **5**
Firtree Gdns. CR0: Croy 6F **15**
Fir Tree Gro. SM5: Cars 2G **17**
Fir Tree Rd. SM7: Bans 1A **22**
Fisher Cl. CR0: Croy 3J **13**
Fiske Ct. SM2: Sutt 2D **16**
Fitness First Health Club
Croydon 1A **28** (3E **12**)
Fitzjames Av. CR0: Croy 4K **13**
Fitzroy Ct. CR0: Croy 2G **13**
Fitzroy Gdns. SE19 . . . . 2H **7**
Fiveacre Cl. CR7: Thor H 1D **12**
FIVEWAYS CORNER 6D **12**
Flag Cl. CR0: Croy 3C **14**
Flagon Ct. *CR0: Croy* *6C 28*
(off St Andrew's Rd.)
Flanders Cres. SW17 . . . . 2G **5**
Flaxley Rd. SM4: Mord 2C **10**
Fleetwood Cl. CR0: Croy 5J **13**
Fleming Ct. CR0: Wadd 7D **12**
Fleming Mead CR4: Mitc 2F **5**
Flimwell Cl. BR1: Brom 1K **9**
Flint Cl. CR0: Croy 1C **12**
SM7: Bans 1C **22**
Flora Gdns. CR0: New Ad 5H **21**
Florence Av. SM4: Mord 7D **4**
Florence Rd. BR3: Beck 4D **8**
CR2: Sand 3G **19**
SW19 . . . . 1C **4**
Florian Av. SM1: Sutt 6E **10**
Florida Rd. CR7: Thor H 3E **6**
Follyfield Rd. SM7: Bans 1B **22**
Fontaine Rd. SW16 . . . . 2C **6**
Fonthill Cl. SE20 . . . . 4K **7**
Ford Cl. CR7: Thor H 7E **6**
FORESTDALE 3E **20**
Forestdale Cen., The
CR0: Sels 2E **20**
Forest Dene Ct. SM2: Sutt 1D **16**
Forest Dr. KT20: Kgswd 7B **22**
Foresters Cl. SM6: Wall 2A **18**
Foresters Dr. SM6: Wall 2A **18**
Forest Ridge BR3: Beck 5F **9**
Forest Rd. SM3: Sutt 3B **10**
Forge Av. CR5: Coul 7D **24**
Forge M. CR0: Addtn 7F **15**
Forge Steading SM7: Bans 2C **22**
Forrest Gdns. SW16 . . . . 5C **6**
Forster Rd. BR3: Beck 5D **8**
Forsyte Cres. SE19 . . . . 3H **7**
Forsythe Shades Ct.
BR3: Beck 3H **9**
Fortescue Rd. SW19 . . . . 2E **4**
Forval Cl. CR4: Mitc 7G **5**
Foss Av. CR0: Wadd 7D **12**
Foulsham Rd. CR7: Thor H 5F **7**
Founders Gdns. SE19 . . . . 2F **7**
Fountain Dr. SM5: Cars 3G **17**
Fountain Ho. CR4: Mitc 4G **5**
Fountain Rd. CR7: Thor H 5F **7**
Four Seasons Cres.
SM3: Sutt 4A **10**
Fourth Dr. CR5: Coul 3K **23**
Fowler Rd. CR4: Mitc 4H **5**
Foxcombe CR0: New Ad 1G **21**
(not continuous)
Foxearth Rd. CR2: Sels 4B **20**
Foxearth Spur CR2: Sels 3B **20**
Foxes Dale BR2: Brom 5J **9**
Foxglove Gdns. CR8: Purl 5B **18**
Foxglove Way SM6: Wall 3J **11**
Foxgrove Av. BR3: Beck 2G **9**
Foxgrove Rd. BR3: Beck 2G **9**
Fox Hill SE19 . . . . 2J **7**
Fox Hill Gdns. SE19 . . . . 2J **7**
Fox La. CR3: Cat'm 7E **24**
Foxleas Ct. BR1: Brom 2K **9**
Foxley Ct. SM2: Sutt 2D **16**
Foxley Gdns. CR8: Purl 7E **18**
Foxley Hall CR8: Purl 7D **18**
Foxley Hill Rd. CR8: Purl 6D **18**
Foxley La. CR8: Purl 5K **17**
Foxley Rd. CR7: Thor H 6E **6**
CR8: Kenl 1E **24**
Foxon La. CR3: Cat'm 7G **25**
Foxon La. Gdns. CR3: Cat'm . . . 7H **25**
Fox's Path CR4: Mitc 4F **5**
Foxton Gro. CR4: Mitc 4E **4**
Framfield Rd. CR4: Mitc 2H **5**
Frampton Cl. SM2: Sutt 2B **16**
Francis Gro. SW19 . . . . 1A **4**
(not continuous)
Francis Rd. CR0: Croy 2E **12**
SM6: Wall 1K **17**
Franklin Cres. CR4: Mitc 6K **5**
Franklin Ho. BR2: Brom 5K **9**
Franklin Ind. Est. *SE20* *3B 8*
(off Franklin Rd.)
Franklin Rd. SE20 . . . . 2B **8**
Franklin Way CR0: Wadd 2B **12**
Frant Cl. SE20 . . . . 2B **8**
Frant Rd. CR7: Thor H 7E **6**
Frederick Cl. SM1: Sutt 6A **10**
Frederick Gdns. CR0: Croy 1E **12**
SM1: Sutt 7A **10**
Frederick Rd. SM1: Sutt 7A **10**
Freedown La. SM2: Sutt 7C **16**
Freelands Av. CR2: Sels 3C **20**
Freeman Rd. SM4: Mord 7E **4**
Freemasons Pl. *CR0: Croy* *3H 13*
(off Freemasons Rd.)
Freemasons Rd. CR0: Croy 3H **13**
Freethorpe Cl. SE19 . . . . 2G **7**
French Apartments, The
CR8: Purl 6D **18**
Frensham Dr. CR0: New Ad . . . 2H **21**
Frensham Rd. CR8: Kenl 1E **24**
Freshfields CR0: Croy 3E **14**
Freshwater Cl. SW17 . . . . 1H **5**
Freshwater Rd. SW17 . . . . 1H **5**
Freshwood Cl. BR3: Beck 3G **9**
Freshwood Way SM6: Wall 3J **17**
Friars Ct. SM6: Wall 6J **11**
Friarswood CR0: Sels 3D **20**
Friday Rd. CR4: Mitc 2G **5**
Friends Rd.
CR0: Croy 4D **28** (5G **13**)
CR8: Purl 6E **18**
Frimley Av. SM6: Wall 7B **12**
Frimley Cl. CR0: New Ad 2H **21**

A-Z Croydon 37

Frimley Cres.—Grosvenor Rd.

Entry	Ref
Frimley Cres. CR0: New Ad	2H 21
Frimley Gdns. CR4: Mitc	5F 5
Frinton Rd. SW17	1H 5
Frith Rd. CR0: Croy	3B 28 (4F 13)
Frobisher Cl. CR8: Kenl	4F 25
Frobisher Ct. SM3: Cheam	2A 16
Frylands Ct. CR0: New Ad	5H 21
Fryston Av. CR0: Croy	4K 13
CR5: Coul	1J 23
Fuller's Wood CR0: Croy	7F 15
Fullerton Rd. CR0: Croy	2J 13
SM5: Cars	3F 17
Furlong Cl. SM6: Wall	3J 11
Furneaux Av. SE27	1E 6
Furness Rd. SM4: Mord	1C 10
Furtherfield Cl. CR0: Croy	1D 12
FURZEDOWN	**1J 5**
Furzedown Dr. SW17	1J 5
Furzedown Rd. SM2: Sutt	5D 16
Furze Gro. KT20: Kgswd	7A 22
FURZE HILL	**7A 22**
Furze Hill CR8: Purl	5B 18
KT20: Kgswd	7A 22
Furze La. CR8: Purl	5B 18
Furze Rd. CR7: Thor H	5F 7
Fyfield Cl. BR2: Brom	6J 9

G

Entry	Ref
Gables, The SM7: Bans	4A 22
Gables Way SM7: Bans	4A 22
Gainsborough Cl. BR3: Beck	2F 9
Gainsborough Dr. CR2: Sand	7K 19
Gainsborough Ter. SM2: Sutt	2A 16
(off Belmont Ri.)	
Gala Bingo	
Crystal Palace	1J 7
Thornton Heath	7D 6
Gale Cl. CR4: Mitc	5E 4
Gale Cres. SM7: Bans	4B 22
Gallica Ct. SM1: Sutt	3C 10
Gallop, The CR2: Sels	2A 20
SM2: Sutt	3E 16
Galloway Path	
CR0: Croy	7D 28 (6G 13)
Galpins Rd. CR7: Thor H	7B 6
Galvani Way CR0: Wadd	3C 12
Gander Grn. La. SM1: Sutt	5A 10
SM3: Cheam	4A 10
Garden Av. CR4: Mitc	2J 5
Garden Cl. SM6: Wall	7B 12
SM7: Bans	2B 22
Garden Ct. CR0: Croy	4J 13
Gardeners Rd.	
CR0: Croy	1A 28 (3E 12)
Garden Rd. SE20	3B 8
Gardens, The BR3: Beck	3H 9
Garden Wlk. BR3: Beck	3E 8
Gardiner Ct. CR2: S Croy	1F 19
Gardner Ind. Est. SE26	1E 8
Garendon Gdns. SM4: Mord	2C 10
Garendon Rd. SM4: Mord	2C 10
Garfield Rd. SW19	1D 4
Garlands Ct. CR0: Croy	6E 28
Garnet Rd. CR7: Thor H	6F 7
Garrard Rd. SM7: Bans	3B 22
Garratt Cl. CR0: Bedd	6B 12
Garratts La. SM7: Bans	3A 22
Garrick Cres. CR0: Croy	4H 13
Garston Gdns. CR8: Kenl	2G 25
Garston La. CR8: Kenl	1G 25
Gascoigne Rd. CR0: New Ad	4H 21
Gassiot Way SM1: Sutt	5E 10
Gaston Rd. CR4: Mitc	5H 5
Gatcombe Ct. BR3: Beck	2F 9
Gates Grn. Rd. BR4: W W'ck	5F 15
Gatestone Ct. SE19	1H 7
Gatestone Rd. SE19	1H 7
Gateway Bus. Cen. BR3: Beck	1D 8
Gateways Ct. SM6: Wall	7J 11
Gatton Cl. SM2: Sutt	3C 16
Gauntlet Cres. CR8: Kenl	7G 25
Gauntlett Rd. SM1: Sutt	7E 10
Gavina Cl. SM4: Mord	7F 5
Gaynesford Rd. SM5: Cars	2G 17
Gemmell Cl. CR8: Purl	1C 24
Geneva Rd. CR7: Thor H	7F 7
Genoa Rd. SE20	3B 8
George Gro. Rd. SE20	3K 7
George Sq. SW19	5B 4
George St. CR0: Croy	3C 28 (4F 13)
George Street Stop (CT)	
	3C 28 (4F 13)
Georgian Ct. CR0: Croy	1E 28
Georgia Rd. CR7: Thor H	3E 6
Gerrards Mead SM7: Bans	3A 22
Gibbs Av. SE19	1G 7
Gibbs Cl. SE19	1G 7
Gibbs Sq. SE19	1G 7
Gibson Ho. SM1: Sutt	6B 10
Gibson Rd. SM1: Sutt	7C 10
Gibsons Hill SW16	2D 6
(not continuous)	
Gidd Hill CR5: Coul	3H 23
Gilbert Cl. SW19	2C 4
(off High Path)	
Gilbert Rd. SW19	2D 4
Gilbert Way CR0: Wadd	4C 12
Gillett Rd. CR7: Thor H	6G 7
Gilliam Gro. CR8: Purl	4D 18
Gillian Pk. Rd. SM3: Sutt	3A 10
Gilpin Cl. CR4: Mitc	4F 5
Gilsland Rd. CR7: Thor H	6G 7
Girton Gdns. CR0: Croy	5F 15
Gisbourne Cl. SM6: Bedd	5A 12
Glade, The BR4: W W'ck	5G 15
CR0: Croy	2D 14
CR5: Coul	6D 24
SM2: Cheam	3A 16
Glade Gdns. CR0: Croy	2D 14
Gladeside CR0: Croy	1C 14
Gladeside Ct. CR6: Warl	7A 26
Glade Spur KT20: Kgswd	7C 22
Gladstone Ho. CR4: Mitc	4G 5
Gladstone M. SE20	2B 8
Gladstone Rd. CR0: Croy	2G 13
SW19	2B 4
Glamorgan Cl. CR4: Mitc	5B 6
Glanfield Rd. BR3: Beck	6E 8
Glasford St. SW17	1G 5
Glastonbury Rd. SM4: Mord	2B 10
Glebe Av. CR4: Mitc	4F 5
Glebe Cl. CR2: Sand	5J 19
Glebe Ct. CR4: Mitc	5G 5
Glebe Hyrst CR2: Sand	6J 19
Glebe Path CR4: Mitc	5G 5
Glebe Rd. CR6: Warl	4C 26
SM2: Cheam	2A 16
SM5: Cars	1G 17
Glebe Sq. CR4: Mitc	5G 5
Glebe Way BR4: W W'ck	4H 15
CR2: Sand	6J 19
Glen, The BR2: Brom	4K 9
CR0: Croy	5C 14
Glena Mt. SM1: Sutt	6D 10
Glenavon Lodge BR3: Beck	2F 9
Glenbow Rd. BR1: Brom	1K 9
Glencairn Rd. SW16	3B 6
Glencar Ct. SE19	1E 6
Glendale Dr. SW19	1A 4
Glendale M. BR3: Beck	3G 9
Glendale Ri. CR8: Kenl	2E 24
Gleneagle Rd. SW16	1A 6
Glenfield Rd. SM7: Bans	2C 22
Glen Gdns. CR0: Wadd	5D 12
Glenhurst BR3: Beck	3H 9
Glenhurst Ri. SE19	2F 7
Glenister Pk. Rd.	
	2A 6
Glenmore Lodge BR3: Beck	3G 9
Glenn Av. CR8: Purl	5E 18
Glen Rd. End SM6: Wall	3J 17
Glenside Cl. CR8: Kenl	2G 25
Glenthorne Av. CR0: Croy	3A 14
Glenthorne Cl. SM3: Sutt	3B 10
Glenthorne Gdns. SM3: Sutt	3B 10
Glenwood Way CR0: Croy	1C 14
Glossop Rd. CR2: Sand	3G 19
Gloucester Ct. CR4: Mitc	7B 6
Gloucester Gdns. SM1: Sutt	4C 10
Gloucester Rd. CR0: Croy	3G 13
Glyn Cl. SE25	4H 7
Glyndale Grange SM1: Sutt	1C 16
Goat Ho. Bri. SE25	5K 7
Goat Rd. CR4: Cars, Mitc	2G 11
Godalming Av. SM6: Wall	7B 12
Goddard Rd. BR3: Beck	6C 8
Godolphin Ct. SM2: Cheam	5A 16
Godric Cres. CR0: New Ad	4J 21
Godson Rd. CR0: Croy	5D 12
Godstone Mt. CR8: Purl	6E 18
Godstone Rd. CR3: Kenl	6E 18
CR8: Kenl, Purl	6E 18
CR8: Purl	6E 18
SM1: Sutt	6D 10
Goidel Cl. SM6: Bedd	6A 12
Goldcliff Cl. SM4: Mord	2B 10
Goldcrest Way CR0: New Ad	3J 21
CR8: Purl	4A 18
Golden M. SE20	3B 8
Goldfinch Rd. CR2: Sels	4D 20
Goldwell Rd. CR7: Thor H	6C 6
Golf Cl. CR7: Thor H	3D 6
Golf Rd. CR8: Kenl	5G 25
Golf Side SM2: Cheam	5A 16
Gomshall Av. SM6: Wall	7B 12
Gomshall Gdns. CR8: Kenl	2H 25
Gonville Rd. CR7: Thor H	7C 6
Goodenough Cl. CR5: Coul	7D 24
Goodenough Rd. SW19	2A 4
Goodenough Way CR5: Coul	7C 24
Goodhart Way BR4: W W'ck	2K 15
Goodhew Rd. CR0: Croy	1K 13
Goodwin Cl. CR4: Mitc	5E 4
Goodwin Cl. SW19	2F 5
Goodwin Gdns. CR0: Wadd	1E 18
Goodwood Cl. SM4: Mord	6B 4
Goodwood Pde. BR3: Beck	6D 8
Goodwood Rd. CR0: Wadd	7E 12
Goosens Cl. SM1: Sutt	7D 10
Gordon Av. CR2: Sand	4F 19
Gordon Cres. CR0: Croy	3H 13
Gordon Rd. BR3: Beck	5E 8
CR3: Cat'm	7G 25
SM5: Cars	1G 17
Gorringe Pk. Av. CR4: Mitc	2G 5
Gorse Ri. SW17	1H 5
Gorse Rd. CR0: Croy	6F 15
Goston Gdns. CR7: Thor H	5D 6
Goulding Gdns. CR7: Thor H	4E 6
Gowland Pl. BR3: Beck	4E 8
Gowland Cl. CR0: Croy	2K 13
Grace Bus. Cen. CR4: Mitc	1G 11
Grace Ct. CR0: Croy	4A 28
SM2: Sutt	3C 16
Grace M. SE20	4B 8
(off Marlow Rd.)	
Grace Rd. CR0: Croy	1F 13
Grafton Rd. CR0: Croy	3D 12
Graham Av. CR4: Mitc	3H 5
Graham Cl. CR0: Croy	4F 15
Graham Rd. CR4: Mitc	3H 5
CR8: Purl	7D 18
SW19	2A 4
Grampian Cl. SM2: Sutt	2D 16
Granden Rd. SW16	4B 6
Grange, The CR0: Croy	4E 14
Grange Av. SE25	4H 7
Grangecliffe Gdns. SE25	4H 7
Grange Ct. SM2: Sutt	2C 16
SM6: Wall	5J 11
Grange Gdns. SE25	4H 7
SM7: Bans	7C 16
Grange Hill SE25	4H 7
Grange Mdw. SM7: Bans	7C 16
Grange Pk. Rd. CR7: Thor H	6G 7
Grange Rd. CR2: S Croy	4F 19
CR7: Thor H	6G 7
SE19	6G 7
SE25	6G 7
SM2: Sutt	2B 16
Grange Va. SM2: Sutt	2C 16
Grangewood La. BR3: Beck	1E 8
Grangewood Ter. SE25	4G 7
Granton Rd. SW16	3K 5
Grant Pl. CR0: Croy	3J 13
Grant Rd. CR0: Croy	3J 13
Granville Cl. CR0: Croy	4H 13
Granville Gdns. SW16	3C 6
Granville Rd. SW19	2B 4
Grasmere Av. SW19	5B 4
Grasmere Ct. SM2: Sutt	1D 16
Grasmere Rd. BR1: Brom	3K 9
CR8: Purl	7D 18
SE25	1A 14
Grassfield Cl. CR5: Coul	6J 23
Grassmount CR8: Purl	4K 17
Grass Way SM6: Wall	6K 11
Gravel Hill CR0: Addtn	1C 20
Gravel Hill Stop (CT)	1D 20
Gravenel Gdns. SW17	1F 5
(off Nutwell St.)	
Graveney Gro. SE20	2B 8
Grayscroft Rd. SW16	2A 6
Great Ellshams SM7: Bans	3B 22
Gt. Gatton Cl. CR0: Croy	2D 14
Gt. Woodcote Dr. CR8: Purl	4A 18
Gt. Woodcote Pk. CR8: Purl	4A 18
Grebe Cl. SM1: Sutt	7A 10
Grecian Cres. SE19	1E 6
Green, The CR0: Sels	3E 20
CR6: Warl	4C 26
SM1: Sutt	5C 10
SM5: Cars	6H 11
Greenacre Pl. SM6: Wall	4J 11
Green Acres CR0: Croy	5J 13
Green Cl. BR2: Brom	5K 9
SM5: Cars	4G 11
Greencourt Av. CR0: Croy	4A 14
Greencourt Gdns. CR0: Croy	3A 14
Green Curve SM7: Bans	1A 22
Green Dragons Airsports.	**7G 27**
(off Slines Oak Rd.)	
Greenfield Link CR5: Coul	2B 24
Greenford Rd. SM1: Sutt	6C 10
(not continuous)	
Greenhayes Av. SM7: Bans	1B 22
Greenhayes Gdns.	
SM7: Bans	2B 22
Greenhill SM1: Sutt	4D 10
Greenhill Av. CR3: Cat'm	7A 26
Grn. Hill La. CR6: Warl	4D 26
Greenland Way CR0: Bedd	2A 12
Green La. CR6: Warl	3D 26
CR7: Thor H	2C 6
CR8: Purl	5K 17
SE20	2C 8
SM4: Mord	1B 10
SW16	2C 6
Green La. Cl. CR7: Thor H	4F 7
Grn. Leaf Av. SM6: Bedd	5F 11
Greenlea Pk. SW19	2E 4
Greenmead Cl. SE25	7K 7
Greenock Rd. SW16	3A 6
Greens Health & Fitness	
Purley	1D 18
Greenside Rd. CR0: Croy	2D 12
Greenview Av. BR3: Beck	1D 14
CR0: Croy	1D 14
Green Way SM6: Wall	6K 11
Greenway Gdns. CR0: Croy	5E 14
Greenways BR3: Beck	5F 9
Greenwood Bus. Cen.	
CR0: Croy	2J 13
Greenwood Rd. CR0: Croy	2E 12
CR4: Mitc	5A 6
Grn. Wrythe Cres. SM5: Cars	3F 11
Grn. Wrythe La. SM5: Cars	1E 10
Gregory Cl. BR2: Brom	6K 9
Grenaby Av. CR0: Croy	2G 13
Grenaby Rd. CR0: Croy	2G 13
Grenfell Rd. CR4: Mitc	1G 5
Grennell Cl. SM1: Sutt	4E 10
Grennell Rd. SM1: Sutt	4D 10
Grenville Rd. CR0: New Ad	3H 21
Gresham Av. CR6: Warl	5D 26
Gresham Ct. CR8: Purl	5D 18
Gresham Rd. BR3: Beck	4D 8
SE25	6K 7
Greville Av. CR2: Sels	4C 20
Greycot Rd. BR3: Beck	1F 9
Greyfields Cl. CR8: Purl	7E 18
Greyhound La. SW16	1A 6
Greyhound Rd. SM1: Sutt	7D 10
Greyhound Ter. SW16	3K 5
Greystone Cl. CR2: Sels	5B 20
Greyswood St. SW16	1J 5
Griffiths Rd. SW19	2B 4
Grimwade Av. CR0: Croy	5K 13
Grindall Cl.	
CR0: Wadd	7A 28 (6E 12)
Grindley Gdns. CR0: Croy	1J 13
Grisedale Cl. CR8: Purl	1H 25
Grisedale Gdns. CR8: Purl	1H 25
Grosvenor Av. SM5: Cars	1G 17
Grosvenor Ct. CR0: Croy	1C 16
SM4: Mord	6B 4
Grosvenor Gdns. SM6: Wall	2K 17
Grosvenor Ho. SM1: Sutt	7C 10
Grosvenor Rd.	
BR4: W W'ck	3G 15
SE25	6J 7
SM6: Wall	1J 17

38 A-Z Croydon

Grove, The—High St.

Entry	Ref
Grove, The BR4: W W'ck	5G 15
CR5: Coul	2A 24
Grove Av. SM1: Sutt	1B 16
Grovehill Ct. BR1: Brom	1K 9
Groveland Av. SW16	2C 6
Groveland Rd. BR3: Beck	5E 8
Grovelands Rd. CR8: Purl	6B 18
Grove La. CR5: Bans, Coul	6G 17
(not continuous)	
Grove Mill Pl. SM5: Cars	5H 11
Grove Rd. CR4: Mitc	5H 5
CR7: Thor H	6D 6
SM1: Sutt	1B 16
SW19	2D 4
Groveside Cl. SM5: Cars	4F 11
Grove Wood Hill CR5: Coul	1K 23
Guildersfield Rd. SW16	2B 6
Guildford Rd. CR0: Croy	1G 13
Guildford Way SM6: Wall	7B 12
Guinness Cl. CR0: Croy	4J 13
Gunnell Cl. CR0: Croy	1J 13
SE25	1K 13
(off Backley Gdns.)	
Gunton Rd. SW17	1H 5
Gurney Cres. CR0: Croy	3C 12
Gurney Rd. SM5: Cars	6H 11
Guyatt Gdns. CR4: Mitc	4H 5
Guy Rd. SM6: Bedd	5A 12
Gwydor Rd. BR3: Beck	5C 8
Gwynne Av. CR0: Croy	2C 14

H

Entry	Ref
Haccombe Rd. SW19	1D 4
HACKBRIDGE	3H 11
Hackbridge Grn. SM6: Wall	4H 11
Hackbridge Pk. Gdns.	
SM5: Cars	4G 11
Hackbridge Rd. SM6: Wall	4H 11
Hackbridge Station (Rail)	4J 11
Hackington Cres. BR3: Beck	1F 9
Haddon Rd. SM1: Sutt	6C 10
(not continuous)	
Hadleigh Cl. SW20	4A 4
Hadleigh Dr. SM2: Sutt	3B 16
Hadley Rd. CR4: Mitc	6A 6
Hadley Wood Ri. CR8: Kenl	1E 24
Hadlow Pl. SE19	2K 7
Hadrian Ct. SM2: Sutt	2C 16
Haig Pl. SM4: Mord	1B 10
Hailes Cl. SW19	1D 4
Hailsham Rd. SW17	1H 5
Haines Wlk. SM4: Mord	2C 10
Halesowen Rd. SM4: Mord	2C 10
Haling Down Pas. CR8: Purl	4E 18
(not continuous)	
Haling Gro. CR2: S Croy	2F 19
Haling Pk. Gdns.	
CR2: S Croy	1E 18
Haling Pk. Rd. CR2: S Croy	7E 12
Haling Rd. CR2: S Croy	1G 19
Halliloo Valley Rd.	
CR3: Wold	7C 26
Hallmead Rd. SM1: Sutt	5C 10
Hallowell Av. CR0: Bedd	6B 12
Hallowell Cl. CR4: Mitc	5H 5
Hallowfield Way CR4: Mitc	5E 4
Hall Rd. SM6: Wall	3J 17
Hall Way CR8: Purl	7D 18
Halstead Cl.	
CR0: Croy	4B 28 (5F 13)
Hambledon Gdns. SE25	5J 7
Hamblehyrst BR3: Beck	4G 9
Hambrook Rd. SE25	5A 8
Hambro Rd. SW16	1A 6
Hamilton Av. SM3: Cheam	4A 10
Hamilton Cl. CR8: Purl	6E 18
Hamilton Ct. CR0: Croy	3K 13
Hamilton M. SW19	2B 4
Hamilton Rd. CR7: Thor H	5G 7
SW19	2C 4
Hamilton Rd. M. SW19	2C 4
Hamilton Way SM6: Wall	3A 18
Hamlet Rd. SE19	2J 7
Hamlyn Gdns. SE19	2H 7
Hammond Av. CR4: Mitc	4J 5
Hamond Cl. CR2: S Croy	3E 12
Hampden Av. BR3: Beck	4D 8
Hampden Rd. BR3: Beck	4D 8

Entry	Ref
Hampton Rd. CR0: Croy	1F 13
Hampton Rd. Ind. Pk.	
CR0: Croy	1F 13
HAMSEY GREEN	3A 26
Hamsey Grn. Gdns.	
CR6: Warl	3A 26
Hamsey Way CR2: Sand	2A 26
Ham Vw. CR0: Croy	1D 14
Hancock Rd. SE19	1G 7
Handcroft Rd.	
CR0: Croy	1A 28 (2E 12)
Handley Page Rd. SM6: Wall	2C 18
Hanley Pl. BR3: Beck	2F 9
Hannah Cl. BR3: Beck	5H 9
Hannah M. SM6: Wall	2K 17
Hannibal Way CR0: Wadd	7C 12
Hanno Cl. SM6: Wall	2A 18
Hanover Cl. SM3: Cheam	6A 10
Hanover Ct. SE19	2K 7
(off Anerley Rd.)	
Hanover Rd. SW19	2D 4
Hanover St.	
CR0: Croy	4A 28 (5E 12)
Hanson Cl. BR3: Beck	1G 9
Harbledown Rd. CR2: Sand	5K 19
Harbourfield Rd. SM7: Bans	2C 22
Harbury Rd. SM5: Cars	3F 17
Harcourt Av. SM6: Wall	6J 11
Harcourt Fld. SM6: Wall	6J 11
Harcourt Lodge SM6: Wall	6J 11
Harcourt Rd. CR7: Thor H	7C 12
SM6: Wall	6J 11
SW19	2B 4
Hardcastle Cl. CR0: Croy	1K 13
Hardcourts Cl. BR4: W W'ck	5G 15
Harding Ct. CR0: Croy	5J 13
Hardings La. SE20	1C 8
Hardy Rd. SW19	2C 4
Harefield Rd. SW16	2C 6
Hares Bank CR0: New Ad	4J 21
Harewood Gdns. CR2: Sand	2A 26
Harewood Rd. CR2: S Croy	1H 19
SW19	1F 5
Harkness Ct. SM1: Sutt	3C 10
(off Cleeve Way)	
Harland Av. CR0: Croy	5J 13
Harland Rd. SW19	5C 4
Harman Pl. CR8: Purl	5E 18
Harmony Cl. SM6: Wall	3B 18
Harold Rd. SE19	2G 7
SM1: Sutt	6E 10
Harriet Gdns. CR0: Croy	4K 13
Harrington Cl. CR0: Bedd	4B 12
Harrington Ct.	
CR0: Croy	3E 28 (4G 13)
Harrington Rd. SE25	6K 7
Harrington Road Stop (CT)	5B 8
Harrison's Ri.	
CR0: Wadd	4A 28 (5E 12)
Harrow Gdns. CR6: Warl	3E 26
Harrow Rd. CR6: Warl	2E 26
SM5: Cars	1F 17
Hartfield Cres. SW19	2A 4
Hartfield Gro. SE20	3B 8
Hartfield Rd. SW19	2A 4
Hartland Rd. SM4: Mord	2B 10
Hartland Way CR0: Croy	5D 14
SM4: Mord	2A 10
Hartley Down CR8: Purl	2C 24
Hartley Farm CR8: Purl	2C 24
Hartley Hill CR8: Purl	2C 24
Hartley Old Rd. CR8: Purl	2C 24
Hartley Rd. CR0: Croy	2F 13
Hartley Way CR8: Purl	2C 24
Harts Cft. CR0: Sels	3D 20
Harwood Av. CR4: Mitc	5F 5
Haslam Av. SM3: Sutt	3A 10
Haslemere Av. CR4: Mitc	4E 4
Haslemere Cl. SM6: Wall	7B 12
Haslemere Rd. CR7: Thor H	7E 6
Hassocks Rd. SW16	3A 6
Hastings Rd. CR0: Croy	3J 13
Hatch La. CR5: Bans	2G 23
Hatch Rd. SW16	4B 6
Hatfield Cl. CR4: Mitc	6E 4
Hatfield Ct. SM2: Sutt	3C 16
Hatfield Mead SM4: Mord	7B 4
Hathaway Rd. CR0: Croy	2E 12
Hatherleigh Cl. SM4: Mord	6B 4
Hatton Gdns. CR4: Mitc	7G 5
Hatton Rd. CR0: Croy	3D 12

Entry	Ref
Havelock Rd. CR0: Croy	4J 13
Haven Ct. BR3: Beck	4H 9
Havisham Pl. SE19	2E 6
Hawes La. BR4: W W'ck	3H 15
Hawke Rd. SE19	1G 7
Hawker Rd. CR0: Wadd	1D 18
Hawkes Rd. CR4: Mitc	3G 5
Hawkhirst Rd. CR3: Kenl	3H 25
CR8: Kenl	2G 25
Hawkhurst Rd. SW16	3A 6
Hawkhurst Way BR4: W W'ck	4G 15
Hawksbrook La. BR3: Beck	1G 15
(not continuous)	
Hawkshead Cl. BR1: Brom	2K 9
Hawthorn Av. CR7: Thor H	3E 6
Hawthorn Cl. SM7: Bans	1A 22
Hawthorn Cres. CR2: Sels	5B 20
SW17	1H 5
Hawthorn Dr. BR4: W W'ck	6K 15
Hawthorne Av. CR4: Mitc	4E 4
SM5: Cars	2H 17
Hawthorne Cl. SM1: Sutt	4D 10
Hawthorn Gro. SE20	2K 7
Hawthorn Rd. SM1: Sutt	1F 17
SM6: Wall	2J 17
Hawthorns CR2: S Croy	7A 28
Haycroft Cl. CR5: Coul	5E 24
Haydn Av. CR8: Purl	1D 24
Haydons Rd. SW19	1D 4
Haydons Road Station (Rail)	1D 4
Hayes Chase BR4: W W'ck	1J 15
Hayes Hill BR2: Hayes	3K 15
Hayes Hill Rd. BR2: Hayes	3K 15
Hayes La. BR3: Beck	5H 9
CR8: Kenl	3E 24
Hayes Mead Rd. BR2: Hayes	6H 9
Hayes Way BR3: Beck	6H 9
Hayne Rd. BR3: Beck	4E 8
Haynes La. SE19	1H 7
Haynt Wlk. SW20	5A 4
Haysleigh Gdns. SE20	4K 7
Hayward Cl. SW19	2C 4
Hazel Bank SE25	4H 7
Hazelbury Cl. SW19	4B 4
Hazel Cl. CR0: Croy	2C 14
CR4: Mitc	6A 6
Hazeldene Cl. CR8: Kenl	2G 25
Hazelhurst BR3: Beck	3J 9
Hazel Way CR5: Chip	6G 23
Hazelwood Av. SM4: Mord	6C 4
Hazelwood Gro. CR2: Sand	7A 20
Hazelwood Ho's. BR2: Brom	5K 9
Hazelwood La. CR5: Chip	5F 23
Hazledean Rd.	
CR0: Croy	3E 28 (4G 13)
Headcorn Pl. CR7: Thor H	6C 6
Headcorn Rd. CR7: Thor H	6C 6
Headington Ct. CR0: Croy	7B 28
Headley Av. SM6: Wall	7C 12
Headley Cl. SE26	1B 8
Headley Dr. CR0: New Ad	2G 21
Heath Cl. CR2: S Croy	1E 18
SM7: Bans	1C 22
Heath Ct. CR0: Croy	7D 28
Heathdene KT20: Tad	5A 22
Heathdene Rd. SM6: Wall	2J 17
SW16	2C 6
Heath Dr. SM2: Sutt	3D 16
Heatherdene Cl. CR4: Mitc	6E 4
Heather Gdns. SM2: Sutt	1B 16
Heatherset Gdns. SW16	2C 6
Heather Way CR2: Sels	3C 20
Heathfield Cl. SE20	2B 8
Heathfield Dr. CR4: Mitc	3F 5
Heathfield Gdns.	
CR0: Croy	6C 28 (6G 13)
Heathfield Rd.	
CR0: Croy	6D 28 (6G 13)
Heathfield Va. CR2: Sels	3C 20
Heath Gro. SE20	2B 8
Heath Rd. CR7: Thor H	5F 7
Heathurst Rd. CR2: Sand	3G 19
Heathview Rd. CR7: Thor H	6D 6
Heathway CR0: Croy	5E 14
Heaton Rd. CR4: Mitc	2H 5
Heighton Gdns.	
CR0: Wadd	7A 28 (7E 12)
Heights, The BR3: Beck	2H 9
(not continuous)	
Helder St. CR2: S Croy	1G 19
Helios Rd. SM6: Wall	3H 11

Entry	Ref
Helme Cl. SW19	1A 4
Helmsdale Rd. SW16	3A 6
Hempshaw Cl. SM7: Bans	3G 23
HENDERSON HOSPITAL	3C 16
Henderson Rd. CR0: Croy	1G 13
Hendfield Ct. SM6: Wall	1J 17
Heneage Cres. CR0: New Ad	4H 21
Henfield Rd. SW19	3A 4
Hengelo Gdns. CR4: Mitc	6E 4
Hengist Way BR2: Brom	6K 9
SM6: Wall	2A 18
Henry Hatch Ct. SM2: Sutt	2D 16
Henry Tate M. SW16	1D 6
Hepburn Gdns. BR2: Hayes	3K 15
Hepworth Ct. SM3: Sutt	3B 10
Hepworth Rd. SW16	2B 6
Herald Gdns. SM6: Wall	4J 11
Herbert Rd. SW19	2A 4
(not continuous)	
Hereford Ct. SM2: Sutt	2B 16
Hereward Av. CR8: Purl	5D 18
Hermitage Gdns. SE19	2F 7
Hermitage Grn. SW16	3B 6
Hermitage La. SE25	1K 13
(not continuous)	
SW16	2C 6
Hermitage Path SW16	3B 6
Hermitage Rd. CR8: Kenl	2F 25
SE19	2F 7
Heron Cl. SM1: Sutt	7A 10
SM6: Wall	2A 18
Herondale CR2: Sels	3C 20
Heron Rd. CR0: Croy	4H 13
Herron Ct. BR2: Brom	6K 9
Hertford Way CR4: Mitc	6B 6
Hesiers Hill CR6: Warl	4K 27
Hesiers Rd. CR6: Warl	3K 27
Hesterman Way CR0: Wadd	3C 12
Hetley Gdns. SE19	2J 7
Hewitt Cl. CR0: Croy	5F 15
Hexham Rd. SM4: Mord	3C 10
Heybridge Av. SW16	2B 6
Heyford Av. SW20	5A 4
Heyford Rd. CR4: Mitc	4F 5
Highbarrow Cl. CR8: Purl	4C 18
Highbarrow Rd. CR0: Croy	3K 13
High Beech CR2: S Croy	2H 19
High Beeches Cl. CR8: Purl	4A 18
High Broom Cres.	
BR4: W W'ck	2G 15
Highbury Av. CR7: Thor H	4D 6
Highbury Cl. BR4: W W'ck	4G 15
Highbury Rd. SW19	1A 4
Highclere Ct. CR8: Kenl	2F 25
Highdaun Dr. SW16	6C 6
Highdown La. SM2: Sutt	5C 16
Higher Dr. CR8: Purl	7D 18
SM7: Bans	7A 16
Highfield SM7: Bans	4F 23
Highfield Dr. BR2: Brom	6K 9
BR4: W W'ck	4G 15
Highfield Hill SE19	2G 7
Highfield Rd. CR8: Purl	4C 18
SM1: Sutt	7F 11
Highfields SM1: Sutt	4B 10
High Gables BR2: Brom	4K 9
Highgrove Ct. BR3: Beck	2F 9
SM1: Sutt	1B 16
Highgrove M. SM5: Cars	5G 11
High Hill Rd. CR6: Warl	2H 27
(not continuous)	
Highland Cotts. SM6: Wall	6K 11
Highland Cft. BR3: Beck	1G 9
Highland Rd. BR1: Brom	3K 9
CR8: Purl	1D 24
SE19	1H 7
Highlands Ct. SE19	1H 7
High La. CR3: Wold	6E 26
CR6: Warl, Wold	5E 26
(not continuous)	
High Mead BR4: W W'ck	4J 15
High Path SW19	3C 4
High Pines CR6: Warl	6B 26
High Rd. CR5: Chip, Coul	7G 23
High St. BR3: Beck	4F 9
BR4: W W'ck	3G 15
CR0: Croy	3C 28 (4F 13)
CR7: Thor H	6F 7
CR8: Purl	5D 18
SE20	1B 8

A-Z Croydon 39

High St.—Kenley

Street	Map Ref
High St. SE25	6J 7
SM1: Sutt	6C 10
(Angel Hill)	
SM1: Sutt	1C 16
(Grove Rd.)	
SM3: Cheam	1A 16
SM5: Cars	7H 11
SM7: Bans	2B 22
High St. Colliers Wood SW19	2E 4
High Trees CR0: Croy	3D 14
Highview SM2: Cheam	5A 16
Highview Av. SM6: Wall	7C 12
High Vw. Cl. SE19	4J 7
Highview Path SM7: Bans	2B 22
Highview Rd. SE19	1G 7
Highway, The SM2: Sutt	3D 16
Highwold CR5: Chip	5H 23
Highwood BR2: Brom	5J 9
Highwood Ct. CR8: Kenl	4F 25
Hilary Av. CR4: Mitc	5H 5
Hildenborough Gdns. BR1: Brom	1K 9
Hildenborough Ho. BR3: Beck	2E 8
(off Bethersden Cl.)	
Hildenlea Pl. BR2: Brom	4J 9
Hillars Heath Rd. CR5: Coul	2B 24
Hill Barn CR2: Sand	5H 19
Hillborough Cl. SW19	2D 4
Hillbrow Rd. BR1: Brom	2K 9
Hillbury Cl. CR6: Warl	5B 26
Hillbury Gdns. CR6: Warl	5B 26
Hillbury Rd. CR3: Whyt	4K 25
CR6: Warl	4K 25
Hill Cl. CR8: Purl	7F 19
Hillcote Av. SW16	2D 6
Hillcrest Cl. BR3: Beck	1E 14
Hillcrest Ct. SM2: Sutt	1E 16
(off Eaton Rd.)	
Hillcrest Pde. CR5: Coul	1J 23
Hillcrest Rd. CR3: Whyt	4J 25
CR8: Purl	4C 18
Hillcrest Vw. BR3: Beck	1E 14
Hillcroft Av. CR8: Purl	7K 17
Hillcroome Rd. SM2: Sutt	1E 16
Hillcross Av. SM4: Mord	7A 4
Hilldale Rd. SM1: Sutt	6A 10
Hilldeane Rd. CR8: Purl	3D 18
Hilldown Ct. SW16	2B 6
Hilldown Rd. BR2: Hayes	3K 15
SW16	2B 6
Hill Dr. SW16	5C 6
Hillfield Av. SM4: Mord	1F 11
Hill Ho. Rd. SW16	1C 6
Hillhurst Gdns. CR3: Cat'm	7H 25
Hillier Gdns. CR0: Wadd	7D 12
Hilliers La. CR0: Bedd	5B 12
Hill La. KT20: Kgswd	7A 22
Hill Path SW16	1C 6
Hill Rd. CR4: Mitc	3J 5
CR8: Purl	6C 18
SM1: Sutt	7C 10
SM5: Cars	1F 17
Hillside SM7: Bans	2A 22
Hillside Av. CR8: Purl	7E 18
Hillside Cl. SM7: Bans	3A 22
Hillside Gdns. SM6: Wall	2K 17
Hillside Ho. CR0: Wadd	6A 28
Hillside Path CR5: Coul	5B 24
Hillside Rd. BR2: Brom	5K 9
CR0: Wadd	7A 28 (7E 12)
CR3: Whyt	5K 25
CR5: Coul	5B 24
SM2: Sutt	2A 16
Hillsmead Way CR2: Sand	7K 19
Hill Top SM3: Sutt	2A 10
SM4: Mord	1B 10
Hilltop Rd. CR3: Whyt	4H 25
Hilltop Wlk. CR3: Wold	7D 26
Hillview CR3: Whyt	4J 25
Hillview Cl. CR8: Purl	5E 18
Hillview Rd. SM1: Sutt	5D 10
Hillworth BR3: Beck	4G 9
Hilton Way CR2: Sand	2A 26
Himley Rd. SW17	1F 5
Hindhead Way SM6: Wall	7B 12
Hinton Rd. SM6: Wall	1K 17
HMP Downview SM2: Sutt	6D 16
HMP Highdown SM2: Sutt	6D 16
Hobart Ct. CR2: S Croy	7E 28
Hobart Gdns. CR7: Thor H	5G 7

Street	Map Ref
Hoffmann Gdns. CR2: Sels	2A 20
Hogarth Cres. CR0: Croy	2F 13
SW19	3E 4
Holborn Way CR4: Mitc	4G 5
Holderness Way SE27	1E 6
Holland Av. SM2: Sutt	3B 16
Holland Rd. SE25	7K 7
Hollies Cl. SW16	1D 6
Hollingsworth Rd. CR0: Croy	1A 20
Hollman Gdns. SW16	1E 6
Holly Cl. BR3: Beck	6H 9
SM6: Wall	2J 17
Holly Ct. SM2: Sutt	2B 16
Holly Cres. BR3: Beck	7E 8
Hollycroft Cl. CR2: S Croy	7H 13
Holly Hill Dr. SM7: Bans	3B 22
Holly Hill Pk. SM7: Bans	4B 22
Holly La. SM7: Bans	3B 22
Holly La. E. SM7: Bans	3C 22
Holly La. W. SM7: Bans	4B 22
Hollymead SM5: Cars	5G 11
Hollymead Rd. CR5: Chip	5H 23
Hollymoak Rd. CR5: Coul	6J 23
Holly Way CR4: Mitc	6A 6
Hollywoods CR0: Sels	3E 20
Holmbury Cl. CR2: S Croy	7H 13
SW19	2F 5
Holmbury Gro. CR0: Sels	2E 20
Holmdene Cl. BR3: Beck	4H 9
Holmesdale Cl. SE25	5J 7
Holmesdale Rd. CR0: Croy	7G 7
SE25	7G 7
Holmes Place Health Club Croydon	**4C 28 (5F 13)**
Merton	**1D 4**
Holmes Rd. SW19	2D 4
Holmewood SM2: Sutt	1C 16
Holmewood Rd. SE25	5H 7
Holmlea Ct. CR0: Croy	6E 28
Holmoaks Ho. BR3: Beck	4H 9
Holmwood Av. CR2: Sand	7J 19
Holmwood Gdns. SM6: Wall	1J 17
Holne Chase SM4: Mord	1A 10
Holt, The SM4: Mord	6B 4
SM6: Wall	6K 11
Home Cl. SM5: Cars	4G 11
Homefield SM4: Mord	6B 4
Homefield Gdns. CR4: Mitc	4D 4
Homefield M. BR3: Beck	3F 9
Homefield Pk. SM1: Sutt	1C 16
Homefield Rd. CR5: Coul	6E 24
CR6: Warl	6B 26
Homeland Dr. SM2: Sutt	3C 16
Homelands Dr. SE19	2H 7
Home Mdw. SM7: Bans	3B 22
Homemead Rd. CR0: Croy	1K 11
Homer Rd. CR0: Croy	1C 14
Homestead Way CR0: New Ad	5H 21
Honeysuckle Gdns. CR0: Croy	2C 14
Honeywood Heritage Cen.	**7G 11**
Honeywood Wlk. SM5: Cars	6G 11
Honister Hgts. CR8: Purl	1G 25
Hood Cl. CR0: Croy	1A 28 (3E 12)
Hook Hill CR2: Sand	4H 19
HOOLEY	**7J 23**
Hope Cl. SM1: Sutt	7D 10
Hope Ho. CR0: Croy	6H 13
(off Steep Hill)	
Hopton Rd. SW16	1C 6
Horatio Pl. SW19	3B 4
Horatius Way CR0: Wadd	7C 12
Hornbeam Ter. SM5: Cars	3F 11
Hornchurch Hill CR3: Whyt	5J 25
Horner La. CR4: Mitc	4E 4
Horsecroft SM7: Bans	4A 22
Horsecroft Mdws. SM7: Bans	3A 22
Horse Ride SM5: Cars	4F 17
SM7: Bans	5G 17
Horseshoe, The CR5: Coul	7A 18
SM7: Bans	2A 22
Horse Shoe Grn. SM1: Sutt	4C 10
Horsley Dr. CR0: New Ad	2H 21
Horton Way CR0: Croy	7C 8
Hotham Rd. SW19	2D 4
Hotham Rd. M. SW19	2D 4
Houlder Cres. CR0: Wadd	1E 18
Hove Gdns. SM1: Sutt	3C 10

Street	Map Ref
Howard Rd. CR5: Coul	2K 23
SE20	3B 8
SE25	7K 7
Howards Crest Cl. BR3: Beck	4H 9
Howberry Rd. CR7: Thor H	3G 7
Howden Rd. SE25	4J 7
How Cl. CR5: Chip	4H 23
Howley Rd. CR0: Croy	4A 28 (5E 12)
Hoylake Gdns. CR4: Mitc	5K 5
Hubert Cl. SW19	3D 4
(off Nelson Gro. Rd.)	
Hughes Wlk. CR0: Croy	2F 13
Hulverston Cl. SM2: Sutt	4C 16
Hunston Rd. SM4: Mord	3C 10
Hunter Cl. SM6: Wall	2B 18
Hunter Rd. CR7: Thor H	5G 7
Hunter's Way CR0: Croy	6H 13
Huntingdon Cl. CR4: Mitc	5B 6
Huntingfield CR0: Sels	2E 20
Hunting Ga. M. SM1: Sutt	5C 10
Huntly Rd. SE25	6H 7
Huntsmans Cl. CR6: Warl	6B 26
Hurlstone Rd. SE25	7H 7
Hurnford Cl. CR2: Sand	4H 19
Hurricane Rd. SM6: Wall	2B 18
Hurstcourt Rd. SM1: Sutt	4C 10
Hurst Rd. CR0: Croy	7D 28 (7G 13)
Hurstview Grange CR2: S Croy	2E 18
Hurst Vw. Rd. CR2: S Croy	2H 19
Hurst Way CR2: S Croy	1H 19
Hutchingsons Rd. CR0: New Ad	5H 21
Hyde Rd. CR2: Sand	7H 19
Hyde Wlk. SM4: Mord	2B 10
Hyrstdene CR2: S Croy	7A 28 (6E 12)
Hythe Rd. CR7: Thor H	4G 7

I

Street	Map Ref
Iberian Av. SM6: Bedd	6A 12
Iden Cl. BR2: Brom	5K 9
Idlecombe Rd. SW17	1H 5
Ightham Ho. BR3: Beck	2E 8
(off Bethersden Cl.)	
Ilex Way SW16	2H 7
Ilkley Cl. SE19	1G 7
Illingworth Cl. CR4: Mitc	5E 4
Impact Ct. SE20	4A 8
Imperial Gdns. CR4: Mitc	5J 5
Imperial Way CR0: Wadd	1C 18
Inchwood CR0: Addtn	6G 15
Ingatestone Rd. SE25	6A 8
Ingham Cl. CR2: Sels	3C 20
Ingham Rd. CR2: Sels	3B 20
Ingleboro Dr. CR8: Purl	7G 19
Ingleby Way SM6: Wall	3A 18
Inglemere Rd. CR4: Mitc	2G 5
Ingleside Cl. BR3: Beck	2F 9
Ingleton Rd. SM5: Cars	3F 17
Inglewood CR0: Sels	3D 20
Inglis Rd. CR0: Croy	3J 13
Ingram Rd. CR7: Thor H	3F 7
Innes Cl. SW20	4A 4
Innes Yd. CR0: Croy	5C 28 (5F 13)
Innova Ct. CR0: Croy	3H 13
Inwood Av. CR5: Coul	7D 24
Inwood Cl. CR0: Croy	4D 14
Iona Cl. SM4: Mord	2C 10
Ipswich Rd. SW17	1H 5
Iris Cl. CR0: Croy	3C 14
Isham Rd. SW16	4B 6
Island Rd. CR4: Mitc	2G 5
Iveagh Ct. BR3: Beck	5H 9
Ivers Way CR0: New Ad	2G 21
Ivychurch Cl. SE20	2B 8
Ivydale Rd. SM5: Cars	4G 11
Ivydene Cl. SM1: Sutt	6D 10
Ivy Gdns. CR4: Mitc	5A 6

J

Street	Map Ref
Jacksons Pl. CR0: Croy	3G 13
Jackson's Way CR0: Croy	5F 15
Jacob's Ladder CR6: Warl	6K 25

Street	Map Ref
Jamaica Rd. CR7: Thor H	1E 12
James Est. CR4: Mitc	4G 5
James Jeff Way SM6: Wall	2A 18
James Terry Ct. CR2: S Croy	7F 13
(off Warham Rd.)	
Jarrow Cl. SM4: Mord	7C 4
Jarvis Rd. CR2: S Croy	1G 19
Jasmine Gdns. CR0: Croy	5G 15
Jasmine Gro. SE20	3A 8
Jasper Pas. SE19	1J 7
Jasper Rd. SE19	1J 7
Jean Batten Cl. SM6: Wall	2C 18
Jean Ho. SW17	1F 5
Jeffs Rd. SM1: Sutt	6A 10
Jengar Cl. SM1: Sutt	6C 10
Jennett Rd. CR0: Wadd	5D 12
Jenson Way SE19	2J 7
Jeppos La. CR4: Mitc	6G 5
Jersey Rd. SW17	1J 5
Jerviston Gdns. SW16	1D 6
Jesmond Cl. CR4: Mitc	5J 5
Jesmond Rd. CR0: Croy	2J 13
Jessops Way CR0: Bedd	1K 11
John's La. SM4: Mord	7D 4
Johnson Rd. CR0: Croy	2G 13
Johnsons Cl. SM5: Cars	4G 11
John's Ter. CR0: Croy	3H 13
John St. SE25	6K 7
Johns Wlk. CR3: Warl	6K 25
Jonson Cl. CR4: Mitc	6J 5
Jordan Cl. CR2: Sand	5J 19
Joshua Cl. CR2: S Croy	2E 18
Jubilee Cl. BR4: W W'ck	3H 15
Jubilee Way SW19	3C 4
Julien Rd. CR5: Coul	2A 24
Junction Rd. CR2: S Croy	7G 13
June Cl. CR5: Coul	1J 23
Juniper Gdns. SW16	3K 5
Justin Plaza CR4: Mitc	6F 5
Jutland Gdns. CR5: Coul	7C 24

K

Street	Map Ref
Kangley Bri. Rd. SE26	1E 8
Katharine Ho. CR0: Croy	4C 28
Katharine St. CR0: Croy	4C 28 (5F 13)
Kathleen Godfree Ct. SW19	1B 4
Kayemoor Rd. SM2: Sutt	1E 16
Kearton Cl. CR8: Kenl	4F 25
Keats Cl. SW19	1E 4
Keats Way CR0: Croy	1B 14
Kedeston Ct. SM1: Sutt	3C 10
Keeley Rd. CR0: Croy	3B 28 (4F 13)
Keens Rd. CR0: Croy	6C 28 (6F 13)
Keepers Ct. CR2: S Croy	7B 28
Kelling Gdns. CR0: Croy	2E 12
Kelsey Ga. BR3: Beck	4G 9
Kelsey La. BR3: Beck	4F 9
Kelsey Pk. Av. BR3: Beck	4G 9
Kelsey Pk. Rd. BR3: Beck	4F 9
(not continuous)	
Kelsey Sq. BR3: Beck	4F 9
Kelsey Way BR3: Beck	5F 9
Kelso Rd. SM5: Cars	2D 10
Kelvin Ct. SE20	3A 8
Kelvin Gdns. CR0: Wadd	2B 12
Kelvington Cl. CR0: Croy	2D 14
Kemble Rd. CR0: Wadd	5E 12
Kemerton Rd. BR3: Beck	4G 9
CR0: Croy	2J 13
Kemp Gdns. CR0: Croy	1F 13
Kempshott Rd. SW16	2A 6
Kempton Wlk. CR0: Croy	1D 14
Kemsing Cl. CR7: Thor H	6F 7
Kendale Rd. BR1: Brom	1K 9
Kendal Gdns. SM1: Sutt	4D 10
Kendal Ho. SE20	4K 7
(off Derwent Rd.)	
Kendall Av. BR3: Beck	4D 8
CR2: Sand	3G 19
Kendall Av. Sth. CR2: Sand	4F 19
Kendall Ct. SW19	1E 4
Kendall Rd. BR3: Beck	4D 8
Kendra Hall Rd. CR2: S Croy	2E 18
Kenilworth Cl. SM7: Bans	3C 22
Kenilworth Rd. SE20	3C 8
KENLEY	**1F 25**

40 A-Z Croydon

Kenley Aerodrome—Library and Lifetime Mus.

KENLEY AERODROME ... 6G 25
Kenley Cl. CR3: Cat'm ... 7G 25
(not continuous)
Kenley Gdns. CR7: Thor H ... 6E 6
Kenley La. CR8: Kenl ... 1F 25
Kenley Rd. SW19 ... 4B 4
Kenley Station (Rail) ... 1F 25
Kenlor Rd. SW17 ... 1E 4
Kenmare Dr. CR4: Mitc ... 2G 5
Kenmare Rd. CR7: Thor H ... 1D 12
Kenmore Rd. CR8: Kenl ... 1E 24
Kennedy Cl. CR4: Mitc ... 3H 5
Kennel Wood Cres.
CR0: New Ad ... 5J 21
Kenneth Rd. SM7: Bans ... 2E 22
Kennet Sq. CR4: Mitc ... 3F 5
Kenny Dr. SM5: Cars ... 3H 17
Kensington Av. CR7: Thor H ... 3D 6
Kensington Ter. CR2: S Croy ... 2G 19
Kent Cl. CR4: Mitc ... 6B 6
Kent Ga. Way CR0: Addtn ... 1E 20
Kent Ho. App. Rd. BR3: Beck ... 3D 8
Kent Ho. Rd. BR3: Beck ... 3C 8
SE26 ... 1D 8
Kent House Station (Rail) ... 3D 8
Kentone Ct. SE25 ... 6A 8
Kent Rd. BR4: W W'ck ... 3G 15
Kenwood Dr. BR3: Beck ... 5H 9
Kenwood Ridge CR8: Kenl ... 4E 24
Kerrill Av. CR5: Coul ... 6D 24
Kersey Dr. CR2: Sels ... 6B 20
Keston Av. CR5: Coul ... 6D 24
Keston Rd. CR7: Thor H ... 1D 12
Kestrel Ct. CR2: S Croy ... 1F 19
SM6: Wall ... 7K 11
Kestrel Way CR0: New Ad ... 3J 21
Keswick Av. SW19 ... 4B 4
Keswick Cl. SM1: Sutt ... 6D 10
Keswick Rd. BR4: W W'ck ... 4K 15
Kettering Ct. CR7: Thor H ... 6F 7
Kettering St. SW16 ... 1K 5
Kew Cres. SM3: Cheam ... 5A 10
Keynsham Rd. SM4: Mord ... 3C 10
Keynsham Wlk. SM4: Mord ... 3C 10
Keys Ct. CR0: Croy ... 5D 28
Kidderminster Pl. CR0: Croy ... 3E 12
Kidderminster Rd. CR0: Croy ... 3E 12
Kilburns Mill Cl. SM6: Wall ... 4J 11
Killick Ho. SM1: Sutt ... 6C 10
Kilmartin Av. SW16 ... 5D 6
Kimberley Ga. BR1: Brom ... 2K 9
Kimberley Pl. CR8: Purl ... 5D 18
Kimberley Rd. BR3: Beck ... 4C 8
CR0: Croy ... 1E 12
Kimble Rd. SW19 ... 1E 4
Kimpton Ind. Est. SM3: Sutt ... 4A 10
Kimpton Link Bus. Cen.
SM3: Sutt ... 4A 10
Kimpton Rd. SM3: Sutt ... 4A 10
Kimpton Trade & Bus. Cen.
SM3: Sutt ... 4A 10
Kingcup Cl. CR0: Croy ... 2C 14
Kingfisher Ct. SM1: Sutt ... 7A 10
Kingfisher Gdns. CR2: Sels ... 5C 20
Kingfisher Way BR3: Beck ... 7C 8
King Gdns.
CR0: Wadd ... 7A 28 (7E 12)
King George VI Av. CR4: Mitc ... 6G 5
King Henry's Dr.
CR0: New Ad ... 3G 21
King Henry's Drive Stop (CT)
... 3G 21
Kings Av. BR1: Brom ... 1K 9
SM5: Cars ... 2F 17
Kingscote Rd. CR0: Croy ... 2A 14
Kingscroft Rd. SM7: Bans ... 2E 22
Kingsdale Rd. SE20 ... 2C 8
Kingsdown Av. CR2: S Croy ... 4E 18
Kings Hall Rd. BR3: Beck ... 2D 8
Kings Keep BR2: Brom ... 4K 9
Kings La. SM1: Sutt ... 1E 16
Kingsleigh Pl. CR4: Mitc ... 5G 5
Kingsley Av. SM1: Sutt ... 6E 10
SM7: Bans ... 2B 22
Kingsley Ct. SM2: Sutt ... 2C 16
Kingsley Rd. CR0: Croy ... 3D 12
Kingslyn Cres. SE19 ... 3H 7
Kingsmead Av. CR4: Mitc ... 5K 5
Kingsmead Lodge SM2: Sutt ... 1E 16
King's Pde. *SM5: Cars ... 5G 11*
(off Wrythe La.)
Kings Rd. CR4: Mitc ... 5H 5
SE25 ... 5K 7
SM2: Sutt ... 4B 16
SW19 ... 1B 4
Kingston Av. SM3: Cheam ... 5A 10
Kingston Cres. BR3: Beck ... 3E 8
Kingston Gdns. CR0: Bedd ... 5B 12
Kingston Rd. SW19 ... 4A 4
SW20 ... 4A 4
Kings Wlk. CR2: Sand ... 1A 26
King's Way CR0: Wadd ... 7C 12
Kingsway BR4: W W'ck ... 5K 15
Kingsway Av. CR2: Sels ... 3B 20
KINGSWOOD ... 7C 22
Kingswood Av. BR2: Brom ... 5K 9
CR2: Sand ... 2A 26
CR7: Thor H ... 7D 6
Kingswood Dr. SM2: Sutt ... 3C 16
SM5: Cars ... 3G 11
Kingswood La. CR2: Sand ... 1C 26
CR6: Warl ... 2B 26
(not continuous)
Kingswood Rd. BR2: Brom ... 6J 9
SE20 ... 1B 8
SW19 ... 2A 4
Kingswood Way CR2: Sels ... 7B 20
(not continuous)
SM6: Wall ... 7B 12
Kingsworth Cl. BR3: Beck ... 7D 8
King William IV Gdns.
SE20 ... 1B 8
Kinloss Rd. SM5: Cars ... 2D 10
Kinnaird Av. BR1: Brom ... 1K 9
Kintyre Cl. SW16 ... 4C 6
Kipling Dr. SW19 ... 1E 4
Kirkland Ter. BR3: Beck ... 1F 9
Kirklees Rd. CR7: Thor H ... 7D 6
Kirkley Rd. SW19 ... 3B 4
Kirkly Cl. CR2: Sand ... 3H 19
Kirk Ri. SM1: Sutt ... 5C 10
Kirksted Rd. SM4: Mord ... 3C 10
Kirkstone Way BR1: Brom ... 2K 9
Kitchener Rd. CR7: Thor H ... 5G 7
Kitley Gdns. SE19 ... 3J 7
Kittiwake Cl. CR2: Sels ... 4D 20
Kittiwake Pl. SM1: Sutt ... 7A 10
Knapton M. SW17 ... 1H 5
Knighton Cl. CR2: S Croy ... 3E 18
Knighton Pk. Rd. SE26 ... 1C 8
Knights Hill SE27 ... 1E 6
Knockholt Cl. SM2: Sutt ... 4C 16
Knole Cl. CR0: Croy ... 1B 14
Knoll, The BR3: Beck ... 3G 9
Kooringa CR6: Warl ... 6A 26
Kristina Ct. *SM2: Sutt ... 1B 16*
(off Overton Rd.)
Kuala Gdns. SW16 ... 3C 6
Kynaston Av. CR7: Thor H ... 7F 7
Kynaston Cres. CR7: Thor H ... 7F 7
Kynaston Rd. CR7: Thor H ... 7F 7
Kynnersley Cl. SM5: Cars ... 5G 11

L

Laburnum Av. SM1: Sutt ... 5F 11
Laburnum Gdns. CR0: Croy ... 2C 14
Laburnum Ho. BR2: Brom ... 3J 9
Laburnum Rd. CR4: Mitc ... 4H 5
SW19 ... 2D 4
Lacey Av. CR5: Coul ... 7D 24
Lacey Dr. CR5: Coul ... 7E 24
Lacey Grn. CR5: Coul ... 7D 24
Lackford Rd. CR5: Chip ... 5G 23
Lacock Cl. SW19 ... 1D 4
Lacrosse Way SW16 ... 3A 6
Ladbrook Rd. SE25 ... 6G 7
Ladygrove CR0: Sels ... 3D 20
LA Fitness
Purley ... 4F 19
Laings Av. CR4: Mitc ... 4G 5
Lait Ho. BR3: Beck ... 3G 9
Lake Cl. SW19 ... 1A 4
Lakefield Cl. SE20 ... 2A 8
Lake Gdns. SM6: Wall ... 5J 11
Lakehall Gdns. CR7: Thor H ... 7E 6
Lakehall Rd. CR7: Thor H ... 7E 6
Laker Ind. Est. *BR3 ... 1D 8*
(off Kent Ho. La.)
Lake Rd. CR0: Croy ... 4E 14
SW19 ... 1A 4
Lakers Ri. SM7: Bans ... 3F 23
Lakeside BR3: Beck ... 5G 9
SM6: Wall ... 6J 11
Lakeside Cl. SE25 ... 4K 7
Lakeview Rd. SE27 ... 1D 6
Laleham Ct. SM1: Sutt ... 7D 10
Lambert Rd. SM7: Bans ... 1B 22
Lambert's Pl. CR0: Croy ... 3G 13
Lambeth Rd. CR0: Croy ... 2D 12
Lambourn Cl. CR2: S Croy ... 3E 18
Lammas Av. CR4: Mitc ... 4H 5
Lancaster Av. CR4: Mitc ... 7B 6
Lancaster Cl. BR2: Brom ... 6K 9
Lancaster Ct. *SM2: Sutt ... 2B 16*
(off Mulgrave Rd.)
SM7: Bans ... 1A 22
Lancaster Rd. SE25 ... 4J 7
Lancastrian Rd. SM6: Wall ... 2B 18
Lancing Ho. CR0: Croy ... 6D 28
Lancing Rd. CR0: Croy ... 2C 12
Landau Ct. *CR2: S Croy ... 7F 13*
(off Warham Rd.)
Landscape Rd. CR6: Warl ... 6A 26
Landseer Cl. SW19 ... 3D 4
Landseer Rd. SM1: Sutt ... 1B 16
Langcroft Cl. SM5: Cars ... 5G 11
Langdale Av. CR4: Mitc ... 5G 5
Langdale Pde. CR4: Mitc ... 5G 5
Langdale Rd. CR7: Thor H ... 6D 6
Langdon Rd. SM4: Mord ... 7D 4
Langdon Wlk. SM4: Mord ... 7D 4
Langham Dene CR8: Kenl ... 2E 24
Langland Gdns. CR0: Croy ... 4E 14
Langley Oaks Av. CR2: Sand ... 4K 19
Langley Pk. Girls School Sports Cen.
... 1H 15
Langley Pk. Rd. SM1: Sutt ... 7D 10
SM2: Sutt ... 7D 10
Langley Rd. BR3: Beck ... 6D 8
CR2: Sels ... 3C 20
SW19 ... 3A 4
Langley Way BR4: W W'ck ... 3J 15
Langton Way CR0: Croy ... 5H 13
Lankton Cl. BR3: Beck ... 3H 9
Lansdell Rd. CR4: Mitc ... 4H 5
Lansdowne Ct. CR8: Purl ... 4E 18
Lansdowne Pl. SE19 ... 2J 7
Lansdowne Rd.
CR0: Croy ... 2C 28 (4G 13)
CR8: Purl ... 6D 18
Lapwing Cl. CR2: Sels ... 4D 20
Larbert Rd. SW16 ... 2K 5
Larch Cl. CR6: Warl ... 6D 26
KT20: Kgswd ... 7D 22
Larch Ho. BR2: Brom ... 3K 9
Larch Tree Way CR0: Croy ... 5F 15
Larchvale Ct. SM2: Sutt ... 2C 16
Larcombe Cl. CR0: Croy ... 6J 13
Larcombe Ct. *SM2: Sutt ... 2C 16*
(off Worcester Rd.)
Larkin Cl. CR5: Coul ... 4C 24
Lark Way SM5: Cars ... 2F 11
Latham's Way CR0: Wadd ... 3C 12
Lathkill Ct. BR3: Beck ... 3E 8
Latimer Rd.
CR0: Croy ... 4A 28 (5E 12)
SW19 ... 1C 4
Laud St. CR0: Croy ... 5B 28 (5F 13)
Laurel Ct. *CR2: S Croy ... 6H 13*
(off South Pk. Hill Rd.)
Laurel Cres. CR0: Croy ... 5F 15
Laurel Gro. SE20 ... 2A 8
Laurel Ho. BR2: Brom ... 3K 9
Laurel Mnr. SM2: Sutt ... 2D 16
Laurels, The SM7: Bans ... 4A 22
Laurier Rd. CR0: Croy ... 2J 13
Lavender Av. CR4: Mitc ... 3F 5
Lavender Cl. CR5: Coul ... 6K 23
SM5: Cars ... 6J 11
Lavender Ct. SM2: Sutt ... 2D 16
Lavender Gro. CR4: Mitc ... 3F 5
Lavender Rd. CR0: Croy ... 1C 12
SM1: Sutt ... 6E 10
SM5: Cars ... 6H 11
Lavender Va. SM6: Wall ... 1A 18
Lavender Wlk. CR4: Mitc ... 5H 5
Lavender Way CR0: Croy ... 1C 14
Lavington Rd. CR0: Bedd ... 5C 12
Lawdons Gdns.
CR0: Wadd ... 7A 28 (6E 12)
Lawford Gdns. CR8: Kenl ... 3F 25
Lawn Rd. BR3: Beck ... 2E 8
Lawns, The SE19 ... 3G 7
SM2: Cheam ... 2A 16
Lawrence Rd. SE25 ... 6J 7
Lawrence Weaver Cl.
SM4: Mord ... 1B 10
Lawrie Pk. Cres. SE26 ... 1A 8
Lawrie Pk. Rd. SE26 ... 1A 8
Laws Cl. SE25 ... 6G 7
Lawson Wlk. SM5: Cars ... 3H 17
Laxton Ct. CR7: Thor H ... 6F 7
Layard Rd. CR7: Thor H ... 4G 7
Layhams Rd.
BR2: Kes ... 5J 15 & 6K 21
BR4: W W'ck ... 5J 15
CR6: Big H ... 6K 21
Layton Cres. CR0: Wadd ... 7D 12
Leacroft Cl. CR8: Kenl ... 3F 25
Leafield Cl. SW16 ... 1E 6
Leafield Rd. SM1: Sutt ... 4B 10
SW20 ... 5A 4
Leafy Way CR0: Croy ... 4J 13
Leamington Av. SM4: Mord ... 6A 4
Leander Rd. CR7: Thor H ... 6C 6
Lea Rd. BR3: Beck ... 4F 9
Leas La. CR6: Warl ... 5C 26
Leas Rd. CR6: Warl ... 5C 26
Leather Cl. CR4: Mitc ... 4H 5
Leaveland Cl. BR3: Beck ... 6F 9
Lebanon Rd. CR0: Croy ... 3H 13
Lebanon Road Stop (CT) ... 4H 13
Le Chateau CR0: Croy ... 5E 28
Ledbury Pl.
CR0: Croy ... 7C 28 (6F 13)
Ledbury Rd.
CR0: Croy ... 7C 28 (6G 13)
Ledgers La. CR6: Warl ... 4G 27
Ledgers Rd. CR6: Warl ... 3F 27
Ledrington Rd. SE19 ... 1K 7
Leechcroft Rd. SM6: Wall ... 5H 11
Lee M. BR3: Beck ... 5D 8
Lee Rd. SW19 ... 3C 4
Lees, The CR0: Croy ... 4E 14
Leeward Gdns. SW19 ... 1A 4
Legion Ct. SM4: Mord ... 1B 10
Leicester Av. CR4: Mitc ... 6B 6
Leicester Rd. CR0: Croy ... 2H 13
Leigham Ct. Rd. SW16 ... 1D 6
Leigh Cres. CR0: New Ad ... 2G 21
Leighton Gdns. CR0: Croy ... 3E 12
CR2: Sand ... 7A 20
Leighton St.
CR0: Croy ... 1A 28 (3E 12)
Leith Towers SM2: Sutt ... 2C 16
Lenham Rd. CR7: Thor H ... 4G 7
SM1: Sutt ... 6C 10
Lennard Av. BR4: W W'ck ... 4K 15
Lennard Cl. BR4: W W'ck ... 4K 15
Lennard Rd. BR3: Beck ... 1C 8
CR0: Croy ... 1B 28 (3F 13)
SE20 ... 1C 8
Lennox Gdns.
CR0: Wadd ... 7A 28 (6E 12)
Leominster Rd. SM4: Mord ... 1D 10
Leominster Wlk. SM4: Mord ... 1D 10
Leonard Av. SM4: Mord ... 7D 4
Leonard Rd. SW16 ... 3K 5
Leslie Gdns. SM2: Sutt ... 1B 16
Leslie Gro.
CR0: Croy ... 1E 28 (3H 13)
Leslie Gro. Pl. CR0: Croy ... 3H 13
Leslie Pk. Rd. CR0: Croy ... 3H 13
Lessness Rd. SM4: Mord ... 1D 10
Lestock Cl. *SE25 ... 5K 7*
(off Manor Rd.)
Leveret Cl. CR0: New Ad ... 5J 21
Leverson St. SW16 ... 1K 5
Lewes Ct. *CR4: Mitc ... 5G 5*
(off Chatsworth Pl.)
Lewin Rd. SW16 ... 1A 6
Lewis Rd. CR4: Mitc ... 4E 4
(not continuous)
SM1: Sutt ... 6C 10
Lewis Sports and Leisure Cen.
... 3J 7
Lexden Rd. CR4: Mitc ... 6A 6
Lexington Ct. CR8: Purl ... 4F 19
Leyburn Gdns. CR0: Croy ... 4H 13
Leyton Rd. SW19 ... 2D 4
Liberty Av. SW19 ... 3E 4
Library and Lifetime Mus. ... 4C 28

A-Z Croydon 41

Lichfield Way—Marlborough Rd.

Street	Grid
Lichfield Way. CR2: Sels	4C 20
Lilac Gdns. CR0: Croy	5F 15
Lilah M. BR2: Brom	4K 9
Lilian Rd. SW16	3K 5
Lilleshall Rd. SM4: Mord	1E 10
Lime Cl. SM5: Cars	4G 11
Lime Ct. CR4: Mitc	4E 4
Lime Gro. CR6: Warl	5D 26
Limekiln Pl. SE19	2J 7
Lime Mdw. Av. CR2: Sand	7K 19
Limes Av. CR0: Wadd	5D 12
SE20	2A 8
SM5: Cars	3G 11
Limes Cl. CR0: Croy	2G 13
Limes Rd. BR3: Beck	4G 9
CR0: Croy	2G 13
Lime Tree Ct. CR2: S Croy	1F 19
Lime Tree Gro. CR0: Croy	5E 14
Lime Tree Pl. CR4: Mitc	3J 5
Limewood Cl. BR3: Beck	7H 9
Limpsfield Av. CR7: Thor H	7C 6
Limpsfield Rd. CR2: Sand	6K 19
CR6: Warl	3B 26
Lincoln Cl. SE25	1K 13
Lincoln Ct. CR2: S Croy	7C 28
Lincoln Rd. CR4: Mitc	7B 6
SE25	5A 8
Lindbergh Rd. SM6: Wall	2B 18
Linden Av. CR5: Coul	3J 23
CR7: Thor H	6E 6
Linden Gro. CR6: Warl	5D 26
Linden Leas BR4: W W'ck	4J 15
Linden Pl. CR4: Mitc	6F 5
Lindens, The CR0: New Ad	1H 21
Linden Way CR8: Purl	4K 17
Lindfield Rd. CR0: Croy	1J 13
Lindores Rd. SM5: Cars	2D 10
Lind Rd. SM1: Sutt	7D 10
Lindsay Ct. CR0: Croy	6D 28
Lindsey Cl. CR4: Mitc	6B 6
Lindway SE27	1E 6
Lingfield Gdns. CR5: Coul	6E 24
Link La. SM6: Wall	1A 18
Link Rd. SM6: Wall	3H 11
Links Av. SM4: Mord	6B 4
(not continuous)	
Links Gdns. SW16	2D 6
Links Rd. BR4: W W'ck	3H 15
SW17	1H 5
Links Vw. Rd. CR0: Croy	5F 15
Links Way BR3: Beck	1F 15
Linkway, The SM2: Sutt	3D 16
Linley Ct. SM1: Sutt	6D 10
Linnet Cl. CR2: Sels	4C 20
Linton Cl. CR4: Mitc	2G 11
Linton Glade CR0: Sels	3D 20
(not continuous)	
Liongate Ent. Pk. CR4: Mitc	6E 4
Lion Grn. Rd. CR5: Coul	3A 24
Lion Head Ct. CR0: Croy	6B 28
Lion Rd. CR0: Croy	7F 7
Lipsham Cl. SM7: Bans	7E 16
Lismore SW19	1A 4
(off Woodside)	
Lismore Rd. CR2: S Croy	1H 19
Lissoms Rd. CR5: Chip	5H 23
Lister Cl. CR4: Mitc	3F 5
Litchfield Av. SM4: Mord	2A 10
Litchfield Rd. SM1: Sutt	6D 10
Little Acre BR3: Beck	5F 9
Littlebrook Cl. CR0: Croy	1C 14
Little Ct. BR4: W W'ck	4K 15
Littleheath Rd. CR2: Sels	2A 20
Lit. Roke Av. CR8: Kenl	1E 24
Lit. Roke Rd. CR8: Kenl	1F 25
Littlers Cl. SW19	3E 4
Littlestone Cl. BR3: Beck	1F 9
LITTLE WOODCOTE	**5H 17**
Lit. Woodcote Est. SM6: Wall	5J 17
Lit. Woodcote La. CR8: Purl	6J 17
SM5: Cars	6J 17
Liverpool Rd. CR7: Thor H	5F 7
Livingstone Rd. CR7: Thor H	4F 7
Living Well Health Club Purley	**1D 18**
Llanthony Rd. SM4: Mord	7E 4
Llewellyn Ct. SE20	3B 8
Lloyd Av. CR5: Coul	1H 23
SW16	3B 6
Lloyd Ho. BR3: Beck	1G 9
Lloyd Pk. Av. CR0: Croy	6J 13

Street	Grid
Lloyd Park Stop (CT)	**6J 13**
Lloyds Way BR3: Beck	7D 8
Lockie Pl. SE25	5K 7
Locks La. CR4: Mitc	3H 5
Lodge Av. CR0: Wadd	5D 12
Lodge Cl. SM6: Wall	3H 11
Lodge Gdns. BR3: Beck	7E 8
Lodge Hill CR8: Purl	2D 24
Lodge La. CR0: New Ad	1F 21
Lodge Pl. SM1: Sutt	7C 10
Lodge Rd. CR0: Croy	1E 12
SM6: Wall	7J 11
Lodge Wlk. CR6: Warl	3F 27
Lomas Cl. CR0: New Ad	2H 21
Lombard Bus. Pk. CR0: Croy	2C 12
SW19	4C 4
Lombard Rd. SW19	4C 4
LOMBARD RDBT.	**2C 12**
Lomond Gdns. CR2: Sels	2D 20
London La. BR1: Brom	2K 9
London Rd. BR1: Brom	2K 9
CR0: Croy	1A 28 (7D 6)
CR4: Mitc	7F 5
(Bishopsford Rd.)	
CR4: Mitc	2H 11
(Carshalton Rd.)	
CR4: Mitc	4G 5
(Holborn Way)	
SM4: Mord	7B 4
SM6: Wall	6J 11
SW16	3C 6
SW17	2G 5
London Towers Basketball (Crystal Palace National Sports Cen.)	**1K 7**
LONESOME	**3K 5**
Lonesome Cvn. Pk.	
CR4: Mitc	3J 5
Lonesome Way SW16	3J 5
Longacre Pl. SM5: Cars	1H 17
Longcroft Av. SM7: Bans	1D 22
Longfield Av. SM6: Wall	3H 11
Longfield Dr. CR4: Mitc	3F 5
Longford Gdns. SM1: Sutt	5D 10
Longheath Gdns. CR0: Croy	7B 8
Longhurst Rd. CR0: Croy	1A 14
Longlands Av. CR5: Coul	1H 23
Longlands Ct. CR4: Mitc	3H 5
Long La. CR0: Croy	1A 14
Longley Rd. CR0: Croy	2E 12
SW17	1F 5
Long Mdw. Cl. BR4: W W'ck	1H 15
Longridge Vw. CR5: Chip	7G 23
Longstone Rd. SW17	1J 5
Longthornton Rd. SW16	4K 5
Longwood Rd. CR8: Kenl	3G 25
(not continuous)	
Lonsdale Gdns. CR7: Thor H	6C 6
Lonsdale Rd. SE25	6A 8
Lorac Ct. SM2: Sutt	2B 16
Loraine Ho. SM6: Wall	6J 11
Lordsbury Fld. SM6: Wall	4K 17
Lorne Av. CR0: Croy	2C 14
Lorne Gdns. CR0: Croy	2C 14
Loubet St. SW17	1G 5
Love La. CR4: Mitc	5F 5
(not continuous)	
SE25	5A 8
SM1: Sutt	1A 16
SM3: Cheam, Sutt	1A 16
SM4: Mord	2B 10
Lovelock Cl. CR8: Kenl	4F 25
Lovett Dr. SM5: Cars	2D 10
Lwr. Addiscombe Rd.	
SM7: Bans	1A 22
Lower Dunnymans	
SM7: Bans	1A 22
Lower Grn. W. CR4: Mitc	5F 5
Lwr. Morden La. SM4: Mord	1A 10
Lower Northfield SM7: Bans	1A 22
Lwr. Park Rd. CR5: Chip	5F 23
Lwr. Pillory Down CR5: Coul	4H 17
SM5: Cars	7H 17

Street	Grid
Lower Rd. CR8: Kenl	7E 18
SM1: Sutt	6D 10
Lwr. Sawleywood SM7: Bans	1A 22
Lower Sq., The SM1: Sutt	7C 10
Lwr. Sydenham Ind. Est.	
SE26	1E 8
Lowry Cres. CR4: Mitc	4F 5
Lucas Rd. SE20	1B 8
Lucerne Rd. CR7: Thor H	7E 6
Ludford Cl.	
CR0: Wadd	6A 28 (5E 12)
Lullington Gth. BR1: Brom	2K 9
Lullington Rd. SE20	2K 7
Lulworth Cres. CR4: Mitc	4F 5
Lumley Gdns. SM3: Cheam	7A 10
Lumley Rd. SM3: Cheam	7A 10
Luna Rd. CR7: Thor H	5F 7
Lunghurst Rd. CR3: Wold	7E 26
Lunham Rd. SE19	1H 7
Lupin Cl. CR0: Croy	3C 14
Luscombe Ct. BR2: Brom	4K 9
Lutea Ho. SM2: Sutt	2D 16
(off Walnut M.)	
Lyconby Gdns. CR0: Croy	7D 8
Lyle Cl. CR4: Mitc	2H 11
Lyle Ct. SM4: Mord	1E 10
Lymbourne Cl. SM2: Sutt	4B 16
Lyme Regis Rd. SM7: Bans	4A 22
Lymescote Gdns. SM1: Sutt	4B 10
Lymington Cl. SW16	4A 6
Lymington Rd. SM1: Sutt	5C 10
Lynden Hyrst CR0: Croy	4J 13
Lyndhurst Av. SW16	4A 6
Lyndhurst Cl. CR0: Croy	5J 13
Lyndhurst Ct. SM2: Sutt	2B 16
(off Grange Rd.)	
Lyndhurst Rd. CR5: Coul	3H 23
CR7: Thor H	6D 6
Lyndhurst Way SM2: Sutt	3B 16
Lyndon Av. SM6: Wall	5H 11
Lynford Ct. CR0: Croy	6H 13
(off Coombe Rd.)	
Lynn Ct. CR3: Whyt	5J 25
Lynne Cl. CR2: Sels	5B 20
Lynne Ct. CR2: S Croy	6H 13
(off Birdhurst Rd.)	
Lynscott Way CR2: S Croy	3E 18
Lynstead Ct. BR3: Beck	4D 8
Lynton Rd. CR0: Croy	1D 12
Lynwood Av. CR5: Coul	2J 23
Lynwood Gdns. CR0: Wadd	6C 12
Lyon Rd. SW19	3D 4
Lysander Rd. CR0: Wadd	1C 18
Lytchgate Cl. CR2: S Croy	2H 19
Lytton Gdns. SM6: Bedd	6A 12
Lyveden Rd. SW17	1G 5

M

Street	Grid
Maberley Cres. SE19	2K 7
Maberley Rd. BR3: Beck	5C 8
SE19	3J 7
Macclesfield Rd. SE25	7B 8
McIntosh Cl. SM6: Wall	2B 18
Mackenzie Rd. BR3: Beck	4B 8
McRae La. CR4: Mitc	2G 11
Madeira Av. BR1: Brom	2K 9
Madeira Rd. CR4: Mitc	6G 5
Madeline Rd. SE20	2K 7
Magdala Rd. CR2: S Croy	2G 19
Magnolia Ct. SM2: Sutt	2B 16
(off Grange Rd.)	
SM6: Wall	7J 11
Magpie Cl. CR5: Coul	5K 23
Mainwaring Ct. CR4: Mitc	4H 5
Maisonettes, The SM1: Sutt	7A 10
Maitland Rd. SE26	1C 8
Majestic Way CR4: Mitc	4G 5
Malcolm Rd. CR5: Coul	2A 24
SE20	2B 8
SE25	1K 13
SW19	1A 4
Malden Av. SE25	6A 8
Maldon Ct. SM6: Wall	7K 11
Maldon Rd. SM6: Wall	7J 11
Mall, The CR0: Croy	2B 28 (4F 13)
Mallard Rd. CR2: Sels	4C 20
Mallard Wlk. BR3: Beck	7C 8
Mallard Way SM6: Wall	3K 17
Malling Cl. CR0: Croy	1B 8

Street	Grid
Malling Gdns. SM4: Mord	1D 10
Mallinson Rd. CR0: Bedd	5A 12
Mallow Cl. CR0: Croy	3C 14
Malmains Cl. BR3: Beck	6J 9
Malmains Way BR3: Beck	6H 9
Malmesbury Rd. SM4: Mord	2D 10
Malory Cl. BR3: Beck	4D 8
Malvern Cl. CR4: Mitc	5K 5
SE20	4K 7
Malvern Ct. SM2: Sutt	2B 16
Malvern Rd. CR7: Thor H	6D 6
Manatee Pl. SM6: Bedd	5A 12
Manchester Rd. CR7: Thor H	5F 7
Mann Cl. CR0: Croy	4B 28 (5F 13)
Manor Cl. CR6: Warl	4D 26
Manor Ct. BR4: W W'ck	3G 15
SM5: Cars	5H 11
Mnr. Farm Rd. SW16	4D 6
Manor Gdns. CR2: Sels	4A 4
SW20	4A 4
Manor Gro. BR3: Beck	4G 9
Manor Hill SM7: Bans	2G 23
Manor La. SM1: Sutt	7D 10
Manor Pk. Cl. BR4: W W'ck	3G 15
Manor Pk. Rd. BR4: W W'ck	3G 15
SM1: Sutt	7D 10
Manor Pl. CR4: Mitc	5K 5
SM1: Sutt	6C 10
Manor Rd. BR3: Beck	4G 9
BR4: W W'ck	4G 15
CR4: Mitc	6K 5
SE25	6K 7
SM2: Cheam	2A 16
SM6: Wall	6J 11
SW20	4A 4
Manor Rd. Nth. SM6: Wall	6J 11
Manor Way BR3: Beck	4F 9
CR2: S Croy	1H 19
CR4: Mitc	5K 5
CR8: Purl	6B 18
SM7: Bans	3G 23
Manor Way, The SM6: Wall	6J 11
Mnr. Wood Rd. CR8: Purl	7B 18
Mansard Beeches SW17	1H 5
Mansel Rd. SW19	1A 4
Mansfield Pl. CR2: S Croy	1G 19
Mansfield Rd. CR2: S Croy	1G 19
Manship Rd. CR4: Mitc	2H 5
Manston Cl. SE20	3B 8
Mantlet Cl. SW16	4A 6
Maple Cl. CR3: Whyt	4J 25
CR4: Mitc	3J 5
Maple Ct. CR0: Croy	6C 28
(Lwr. Coombe St.)	
CR0: Croy	6B 28
(The Waldrons)	
Mapledale Av. CR0: Croy	4K 13
Maplehurst BR2: Brom	4K 9
Mapleleaf Cl. CR2: Sels	5C 20
Maple M. SW16	1C 6
Maple Pl. CR3: Whyt	4J 25
SE20	3A 8
Maples, The SM7: Bans	1C 22
Maplethorpe Rd. CR7: Thor H	6D 6
Maple Wlk. SM2: Sutt	4C 16
Marchmont Rd. SM6: Wall	2K 17
Mardell Rd. CR0: Croy	6C 8
Marden Cres. CR0: Croy	1C 12
Marden Rd. CR0: Croy	1C 12
Mares Fld. CR0: Croy	5H 13
Marfleet Cl. SM5: Cars	4F 11
Margaret Way CR5: Coul	6E 24
Marham Gdns. SM4: Mord	1D 10
Marian Ct. SM1: Sutt	7C 10
Marian Rd. SW16	3K 5
Mariette Way SM6: Wall	3B 18
Marigold Way CR0: Croy	3C 14
Marion Rd. CR7: Thor H	7F 7
Market, The SM5: Sutt	3D 10
Markfield CR0: Sels	4C 20
(not continuous)	
Marks Rd. CR6: Warl	5D 26
Marlborough Ct. SW19	1F 5
Marlborough Ct. CR2: S Croy	6H 13
(off Birdhurst Rd.)	
SM6: Wall	2K 17
Marlborough M. SM7: Bans	2B 22
Marlborough Rd.	
CR2: S Croy	2F 19
SM1: Sutt	5B 10
SW19	1F 5

42 A-Z Croydon

Marlings Cl.—Mowbray Rd.

Marlings Cl. CR3: Whyt 4H 25	Meadow Way KT20: Tad 4A 22	Midhurst Av. CR0: Croy 2D 12	Monks Orchard Rd.
Marlins Cl. SM1: Sutt 7D 10	Mead Pl. CR0: Croy ...1A 28 (3F 13)	Midway SM3: Sutt 2A 10	BR3: Beck 3F 15
Marlow Cl. SE20 ....5A 8	Meads, The SM4: Mord 7F 5	Milbury Grn. CR6: Warl 5J 27	Monks Rd. SM7: Bans 4B 22
Marlowe Sq. CR4: Mitc 6K 5	Meadside Cl. BR3: Beck 3D 8	Mile Rd. SM6: Bedd, Wall 3J 11	Monks Way BR3: Beck 1F 15
Marlowe Way CR0: Bedd 4B 12	Meadvale Rd. CR0: Croy 2J 13	(not continuous)	Monmouth Cl. CR4: Mitc 6B 6
Marlow Rd. SE20 ....5A 8	Mead Way BR2: Hayes 1K 15	Miles Ct. CR0: Croy 3A 28	Montacute Rd. CR0: New Ad 3H 21
Marlpit Av. CR5: Coul 4B 24	CR0: Croy 4D 14	Miles Rd. CR4: Mitc 5F 5	SM4: Mord 1E 10
Marlpit La. CR5: Coul 3A 24	CR5: Coul 5B 24	Milestone Cl. SM2: Sutt 1E 16	Montague Av. CR2: Sand 6H 19
Marqueen Towers SW16 ....2C 6	Meadway BR3: Beck 3H 9	Milestone Dr. CR8: Purl 1C 24	Montague Rd.
Marshall Cl. CR2: Sand 7K 19	CR6: Warl 3B 26	Milestone Rd. SE19 ....1J 7	CR0: Croy ...1A 28 (3E 12)
Marshall's Rd. SM1: Sutt 6C 10	Mead Way Path CR5: Coul 5C 24	Milford Gdns. CR0: Croy 7B 8	SW19 ....2C 4
Marsh Av. CR4: Mitc 4G 5	Meaford Way SE20 ....2A 8	Milford Gro. SM1: Sutt 6D 10	Montagu Gdns. SM6: Wall 6K 11
Marsh Ct. SW19 ....3D 4	Mecca Bingo	Millbank SM6: Wall 7A 12	Montana Cl. CR2: Sand 4G 19
Marston Dr. CR6: Warl 5D 26	Croydon 2B 28	Mill Cl. SM5: Cars 4H 11	Montana Gdns. SM1: Sutt 7D 10
Marston Way SE19 ....2E 6	Rosehill 2D 10	Miller Cl. CR4: Mitc 2G 11	Montgomery Cl. SM1: Mitc 6B 6
Martin Cl. CR2: Sels 5C 20	Medland Cl. SM6: Wall 3H 11	Miller Rd. CR0: Croy 3C 12	SM2: Sutt 2E 16
CR6: Warl 3A 26	Medway Cl. CR0: Croy 1B 14	SW19 ....1E 4	Montgomery Ct. CR2: S Croy 7H 13
Martin Ct. CR2: S Croy 7G 13	Megabowl	Mill Grn. CR4: Mitc 2H 11	(off Birdhurst Rd.)
(off Birdhurst Rd.)	Croydon 4C 12	Mill Grn. Bus. Pk. CR4: Mitc 2H 11	Montpelier Rd. CR8: Purl 4E 18
Martin Cres. CR0: Croy 3D 12	Melbourne Cl. SE20 ....2K 7	Mill Grn. Rd. CR4: Mitc 2G 11	SM1: Sutt 6D 10
Martin Gro. SM4: Mord 5B 4	SM6: Wall 7K 11	Mill La. CR0: Wadd 5C 12	Montrave Rd. SE20 ....1B 8
Martins Cl. BR4: W W'ck 3J 15	Melbourne Rd. SM6: Wall 7J 11	SM5: Cars 6G 11	Montrose Gdns. CR4: Mitc 4G 5
Martin's Rd. BR2: Brom 4K 9	SW19 ....3B 4	Mill La. Trad. Est.	SM1: Sutt 4C 10
Martin Way SM4: Mord 5A 4	Melfort Av. CR7: Thor H 5E 6	CR0: Wadd 5C 12	Moore Cl. CR4: Mitc 4J 5
Marwell Cl. BR4: W W'ck 4K 15	Melfort Rd. CR7: Thor H 5E 6	Millpond Pl. SM5: Cars 5H 11	Moore Rd. SE19 ....1F 7
Maryhill Cl. CR8: Kenl 4F 25	Melior Cl. BR0: Bedd 5B 12	Mill Rd. SW19 ....2D 4	Moore Way SM2: Sutt 3B 16
Maryland Rd. CR7: Thor H 3E 6	Mellison Rd. SW17 ....1F 5	Millside SM5: Cars 4G 11	Moorsom Way CR5: Coul 4A 24
Maskani Wlk. SW16 ....2K 5	Mellow Cl. SM7: Bans 1D 22	Mill Vw. Gdns. CR0: Croy 5C 14	Moray Ct. CR2: S Croy 7F 13
Mason Rd. SM1: Sutt 7C 10	Melrose Rd. SM6: Wall 7A 12	Milne Pk. E. CR0: New Ad 5J 21	(off Warham Rd.)
Mason's Av.	Melrose Av. CR4: Mitc 2J 5	Milne Pk. W. CR0: New Ad 5J 21	MORDEN 5C 4
CR0: Croy 5C 28 (5F 13)	SW16 ....5C 6	Milner Pl. SM5: Cars 6H 11	Morden Cl. SM4: Mord 6C 4
Masons Pl. CR4: Mitc 3G 5	Melrose Rd. CR5: Coul 2J 23	Milner Rd. CR7: Thor H 5G 7	Morden Ct. Pde. SM4: Mord 6C 4
Masters Cl. SW16 ....1K 5	SW19 ....4B 4	SM4: Mord 7E 4	Morden Gdns. CR4: Mitc 6E 4
Matilda Cl. SE19 ....2G 7	Melrose Tudor SM6: Wall 7B 12	SW19 ....3C 4	Morden Hall Rd. SM4: Mord 5C 4
Matlock Cres. SM3: Cheam 6A 10	(off Plough La.)	Milton Av. CR0: Croy 2G 13	Morden Ho. SM4: Mord 6B 4
Matlock Gdns. SM3: Cheam 6A 10	Melsa Rd. SM4: Mord 6B 4	SM1: Sutt 5E 10	MORDEN PARK 1A 10
Matlock Pl. SM3: Cheam 6A 10	Melton Ct. SM2: Sutt 2D 16	Milton Cl. SM1: Sutt 5E 10	Morden Pk. Pool 1A 10
Matthew Ct. CR4: Mitc 7A 6	Melville Av. CR2: S Croy 7J 13	Milton Ho. SM1: Sutt 5B 10	Morden Rd. CR4: Mitc 6D 4
Matthews Gdns.	Melvin Rd. SE20 ....3B 8	Milton Rd. CR0: Croy 2G 13	SM4: Mord 6D 4
CR0: New Ad 5J 21	Menlo Gdns. SE19 ....2G 7	CR3: Cat'm 7G 25	SW19 ....3C 4
Matthews Yd. CR0: Croy 4B 28	Meopham Rd. CR4: Mitc 3K 5	CR4: Mitc 2H 5	Morden Road Stop (CT) 4C 4
Maureen Ct. BR3: Beck 4B 8	Merantun Way SW19 ....3C 4	SM1: Sutt 5B 10	Morden South Station (Rail) 7B 4
Mawson Cl. SW20 ....4A 4	Merchants Cl. SE25 ....6K 7	SM6: Wall 1K 17	Morden Station (Tube) 5C 4
Maxwell Cl. CR0: Wadd 3B 12	Merebank La. CR0: Wadd 7C 12	SW19 ....1D 4	Morden Way SM3: Sutt 2B 10
Mayberry Ct. BR3: Beck 2E 8	Mere End CR0: Croy 2C 14	Mina Rd. SW19 ....3B 4	More Cl. CR8: Purl 5D 18
(off Copers Cope Rd.)	Merevale Cres. SM4: Mord 1D 10	Minden Rd. SE20 ....3A 8	Moreton Rd. CR2: S Croy 7G 13
Maybourne Cl. SE26 ....1A 8	Merewood Gdns. CR0: Croy 2C 14	SM3: Sutt 4A 10	Morgan Ct. SM5: Cars 6G 11
Maybury Ct. CR2: S Croy 7E 12	Meridian Cen. CR0: New Ad 4K 21	Minehead Rd. SW16 ....1C 6	Morgan Wlk. BR3: Beck 6G 9
(off Haling Pk. Rd.)	Merlewood Rd. CR3: Cat'm 7G 25	Minshull Pl. BR3: Beck 2F 9	Morland Av. CR0: Croy 3H 13
Maybury St. SW17 ....1F 5	Merlin Cl. CR0: Croy 6H 13	Minster Av. SM1: Sutt 4B 10	Morland Cl. CR4: Mitc 5F 5
Maycross Av. SM4: Mord 6A 4	CR4: Mitc 5F 5	Minster Dr. CR0: Croy 6H 13	Morland Rd. CR0: Croy 3H 13
Mayday Rd. CR7: Thor H 1E 12	SM6: Wall 1C 18	Mint Rd. SM6: Wall 6J 11	SE20 ....1C 8
MAYDAY UNIVERSITY HOSPITAL	Merlin Gro. BR3: Beck 6E 8	Mint Wlk. CR0: Croy ...4C 28 (5F 13)	Morley Rd. CR2: Sand 4J 19
.......1E 12	Merrin Hill CR2: Sand 5H 19	CR6: Warl 4C 26	SM3: Sutt 3A 10
Mayes Cl. CR6: Warl 5C 26	Merrow Ct. CR4: Mitc 4E 4	Missenden Gdns.	Morris Cl. CR0: Croy 7D 8
Mayfair Cl. BR3: Beck 3G 9	Merrow Way CR0: New Ad 1H 21	SM4: Mord 1D 10	Mortimer Rd. CR4: Mitc 3G 5
Mayfield Cl. SE20 ....3A 8	Merrymeet SM7: Bans 1G 23	Mistletoe Cl. CR0: Croy 3C 14	Mortlake Cl. CR0: Bedd 5B 12
Mayfield Cres. CR7: Thor H 6C 6	Mersham Pl. CR7: Thor H 4G 7	MITCHAM 5G 5	Mortlake Dr. CR4: Mitc 3F 5
Mayfield Rd. SM2: Sand 3G 19	(off Livingstone Rd.)	Mitcham Gdn. Village	Morton Cl. SM6: Wall 2C 18
CR7: Thor H 6C 6	SE20 ....3A 8	CR4: Mitc 7H 5	Morton Gdns. SM6: Wall 7K 11
SM2: Sutt 1E 16	Mersham Rd. CR7: Thor H 5G 7	Mitcham Ind. Est. CR4: Mitc 3H 5	Morton Rd. SM4: Mord 7E 4
SW19 ....3A 4	MERTON 2D 4	Mitcham Junction Station	Mosquito Cl. SM6: Wall 2B 18
Mayford Cl. BR3: Beck 5C 8	Merton Hall Rd. SW19 ....2A 4	(Rail & CT) 7H 5	(off Mollison Dr.)
Mayne Ct. SE26 ....1A 8	Merton High St. SW19 ....2C 4	Mitcham La. SW16 ....1K 5	Moss Gdns. CR2: Sels 2G 11
Maynooth Gdns. SM5: Cars 2G 11	Merton Ind. Pk. SW19 ....3C 4	Mitcham Pk. CR4: Mitc 6F 5	Mosslea Rd. CR3: Whyt 3J 25
Mayo Rd. CR0: Croy 7G 7	MERTON PARK 4B 4	Mitcham Rd.	SE20 ....1B 8
Mays Hill Rd. BR2: Brom 4K 9	Merton Pk. Pde. SW19 ....3A 4	CR0: Croy ...1A 28 (1B 12)	(not continuous)
Maytree Ct. CR4: Mitc 5H 5	Merton Park Stop (CT) 3B 4	SW17 ....1G 5	Mossville Gdns. SM4: Mord 5A 4
Maywater Ct. CR2: Sand 5G 19	Merton Pl. SW19 ....3D 4	Mitcham Stop (CT) 6F 5	Mostyn Rd. SW19 ....3A 4
Maywood Cl. BR3: Beck 2G 9	(off Nelson Gro. Rd.)	Mitchley Av. CR2: Sand 7F 19	Moth Cl. SM6: Wall 2B 18
Mead, The BR3: Beck 3H 9	Merton Rd. SE25 ....7J 7	CR8: Purl 7F 19	Mount, The CR2: S Croy 7F 13
BR4: W W'ck 3J 15	SW19 ....2C 4	Mitchley Gro. CR2: Sand 7K 19	(off Warham Rd.)
SM6: Wall 1A 18	Meteor Way SM6: Wall 2B 18	Mitchley Hill CR2: Sand 7J 19	CR5: Coul 2H 23
Mead Cres. SM1: Sutt 5F 11	Metro Bus. Cen., The	Mitchley Vw. CR2: Sand 7K 19	CR6: Warl 6K 25
Meadfoot Rd. SW16 ....2K 5	.......1E 6	Mitre Cl. SM2: Sutt 2D 16	Mt. Arlington BR2: Brom 4K 9
Meadow Av. CR0: Croy 1C 14	Metropolitan Police Norwood Cadet	Moffat Rd. CR7: Thor H 4F 7	(off Pk. Hill Rd.)
Meadow Cl. CR8: Purl 7A 18	Training Cen. 3H 7	Moir Cl. CR2: Sand 3K 19	Mountbatten Cl. SE19 ....1H 7
SM1: Sutt 4D 10	Michael Rd. SE25 ....5H 7	Molesey Dr. SM3: Cheam 5A 10	Mountbatten Gdns. BR3: Beck 6D 8
Meadow Hill CR5: Coul 1K 23	Mickleham Way	Moliner Ct. BR3: Beck 2F 9	Mount Cl. CR8: Kenl 3G 25
CR8: Purl 1K 23	CR0: New Ad 2J 21	Mollison Dr. SM6: Wall 2A 18	SM5: Cars 3H 17
Meadow Rd. BR2: Brom 4K 9	Middle Cl. CR5: Coul 7D 24	Mollison Sq. SM6: Wall 2A 18	Mount Ct. BR4: W W'ck 4K 15
SM1: Sutt 6F 11	Middlefields CR0: Sels 3D 20	(off Mollison Dr.)	Mounthurst Rd. BR2: Hayes 2K 15
SW19 ....2D 4	Middlesex Rd. CR4: Mitc 7B 6	Monahan Av. CR8: Purl 6C 18	Mount Pk. SM5: Cars 2H 17
Meadows, The CR6: Warl 4C 26	Middle St. CR0: Croy ...3C 28 (4F 13)	Monarch M. SW16 ....4F 7	Mount Pk. Av. CR2: S Croy 3E 18
Meadowside Rd.	(not continuous)	Monarch Pde. CR4: Mitc 4G 5	Mount Pk. Rd. CR4: Mitc 4E 4
SM2: Cheam 3A 16	Middleton Rd. SM4: Mord 1C 10	Monivea Rd. BR3: Beck 2E 8	SE19 ....1G 7
Meadow Stile	SM5: Cars 2E 10	Monkleigh Rd. SM4: Mord 5A 4	Mount Way SM5: Cars 3H 17
CR0: Croy 5C 28 (5F 13)	Middle Way SW16 ....4A 6	Monksdene Gdns. SM1: Sutt 5C 10	Mountwood Cl. CR2: Sand 4A 20
Meadow Vw. Rd. CR7: Thor H 7E 6	Midholm Rd. CR0: Croy 4D 14	Monks Hill Sports Cen. 2C 20	Mowbray Cl. SE19 ....2J 7
Meadow Wlk. SM6: Wall 5J 11	Midhurst SE26 ....1B 8	MONKS ORCHARD 2D 14	Mowbray Rd. SE19 ....3J 7

A-Z Croydon 43

Moys Cl.—Overhill Rd.

Moys Cl. CR0: Croy 1B **12**
Moyser Rd. SW16 1J **5**
Muchelney Rd. SM4: Mord 1D **10**
Muggeridge Cl. CR2: S Croy 7G **13**
Mulberry Ga. SM7: Bans 3A **22**
Mulberry Ho. BR2: Brom 3K **9**
Mulberry La. CR0: Croy 3J **13**
Mulberry M. SM6: Wall 1K **17**
Mulgrave Ct. *SM2: Sutt 1C 16*
(off Mulgrave Rd.)
Mulgrave Rd.
CR0: Croy 5D **28** (5G **13**)
SM2: Sutt 2A **16**
Mulholland Cl. CR4: Mitc 4J **5**
Mullards Cl. CR4: Mitc 3G **11**
Munslow Gdns. SM1: Sutt 6E **10**
Muschamp Rd. SM5: Cars 4F **11**
Myrna Cl. SW19 2F **5**
Myrtle Rd. CR0: Croy 5F **15**
SM1: Sutt 7D **10**

N

Nadine Ct. SM6: Wall 3K **17**
Namton Dr. CR7: Thor H 6C **6**
Napier Rd. CR2: S Croy 2G **19**
SE25 6A **8**
Narrow La. CR6: Warl 6A **26**
Naseby Rd. SE19 1G **7**
Nash Cl. SM1: Sutt 5E **10**
Natal Rd. CR7: Thor H 5G **7**
SW16 1A **6**
NHS WALK-IN CENTRE (CROYDON) 5F 13 (4C 28)
Neath Gdns. SM4: Mord 1D **10**
Nelson Cl. CR0: Croy 1A **28** (3E **12**)
Nelson Gro. Rd. SW19 3C **4**
NELSON HOSPITAL 4A 4
Nelson Rd. SW19 2C **4**
Nelson Rd. M. SW19 2C **4**
Nelson Trad. Est. SW19 3C **4**
Nesbitt Sq. SE19 2H **7**
Netherlands, The CR5: Coul 6K **23**
Netherne Dr. CR5: Coul 7J **23**
Netley Cl. CR0: New Ad 2H **21**
Netley Gdns. SM4: Mord 2D **10**
Netley Rd. SM4: Mord 2D **10**
Nettlecombe Cl. SM2: Sutt 3C **16**
Nettlestead Cl. BR3: Beck 2E **8**
Nettlewood Rd. SW16 2A **6**
Neville Cl. SM7: Bans 1C **22**
Neville Rd. CR0: Croy 2G **13**
Neville Wlk. SM5: Cars 2F **11**
NEW ADDINGTON 4H 21
New Addington Pools & Fitness Cen. 4H 21
New Addington Stop (CT) 4H 21
Newark Rd. CR2: S Croy 1G **19**
New Barn Cl. SM6: Wall 1C **18**
New Barn La. CR3: Whyt 3H **25**
New Barns Av. CR4: Mitc 6A **6**
(not continuous)
NEW BECKENHAM 1E 8
New Beckenham Station (Rail) 2E 8
New Cl. SW19 5D **4**
New Colebrooke Ct.
SM5: Cars 2H 17
(off Stanley Rd.)
Newent Cl. SM5: Cars 3G **11**
Newgate CR0: Croy 3F **13**
New Grn. Pl. SE19 1H **7**
Newhaven Rd. SE25 7G **7**
Newhouse Wlk. SM4: Mord 2D **10**
Newlands, The SM6: Wall 2K **17**
Newlands Pk. SE26 1B **8**
Newlands Rd. SW16 4B **6**
Newlands Wood CR0: Sels 3E **20**
Newman Rd. CR0: Croy 3C **12**
Newman Rd. Ind. Est.
CR0: Croy 2C **12**
Newminster Rd. SM4: Mord 1D **10**
Newnham Cl. CR7: Thor H 4F **7**
New Pl. CR0: Addtn 1F **21**
New Rd. CR4: Mitc 3G **11**
Newstead Wlk. SM5: Cars 2D **10**
Newton Ho. SE20 2C **8**
Newton Rd. CR8: Purl 6K **17**
SW19 2A **4**
Nicholas Rd. CR0: Bedd 6B **12**
Nicholson Rd. CR0: Croy 3J **13**
Nicola Cl. CR2: S Croy 1F **19**
Nightingale Cl. SM5: Cars 4H **11**
Nightingale Ct. BR2: Brom 4K **9**
SM1: Sutt 7D **10**
Nightingale Rd. CR2: Sels 5C **20**
SM5: Cars 5G **11**
Nimrod Rd. SW16 1J **5**
Nineacres Way CR5: Coul 3B **24**
Ninehams Cl. CR3: Cat'm 7G **25**
Ninehams Gdns. CR3: Cat'm 7G **25**
Ninehams Rd. CR3: Cat'm 7G **25**
Nineteenth Rd. CR4: Mitc 6B **6**
Noble Ct. CR4: Mitc 4E **4**
Nonsuch Ho. SW19 3E **4**
NORBURY 4C 6
Norbury Av. CR7: Thor H 3C **6**
SW16 3C **6**
Norbury Cl. SW16 3D **6**
Norbury Ct. Rd. SW16 5B **6**
Norbury Cres. SW16 3C **6**
Norbury Cross SW16 5B **6**
Norbury Hill SW16 2D **6**
Norbury Ri. SW16 5B **6**
Norbury Rd. CR7: Thor H 4F **7**
Norbury Station (Rail) 3C 6
Norbury Trad. Est. SW16 4C **6**
Norfolk Av. CR2: Sand 4J **19**
Norfolk Ho. *BR2: Brom 6K 9*
(off Westmoreland Rd.)
SE20 3B **8**
Norfolk Rd. CR7: Thor H 5F **7**
SW19 2F **5**
Norhyrst Av. SE25 5J **7**
Nork Gdns. SM7: Bans 1A **22**
Nork Way SM7: Bans 1A **22**
Norman Av. CR2: Sand 4F **19**
Norman Rd. CR7: Thor H 7E **6**
SM1: Sutt 7B **10**
SW19 2D **4**
Normanton Rd. CR2: S Croy 7H **13**
North Acre SM7: Bans 3A **22**
Northampton Rd. CR0: Croy 4K **13**
Northanger Rd. SW16 1B **6**
North Av. SM5: Cars 2H **17**
Northborough Rd. SW16 5A **6**
Northbrook Rd. CR0: Croy 7G **7**
Northcote Rd. CR0: Croy 1G **13**
Northdale Ct. SE25 5J **7**
North Down CR2: Sand 5H **19**
Northdown Rd. SM2: Sutt 4B **16**
Nth. Downs Cres.
CR0: New Ad 3G **21**
(not continuous)
Nth. Downs Rd.
CR0: New Ad 4G **21**
North Dr. BR3: Beck 6G **9**
North End CR0: Croy 2B **28** (4F **13**)
Northernhay Wlk. SM4: Mord 6A **4**
Northey Av. SM2: Cheam 4A **16**
North Gdns. SW19 2E **4**
North Pl. CR4: Mitc 2G **5**
Northpoint Cl. SM1: Sutt 5D **10**
North Rd. BR4: W W'ck 3G **15**
SW19 1D **4**
Northspur Rd. SM1: Sutt 5B **10**
North St. SM5: Cars 5G **11**
Northumberland Gdns.
CR4: Mitc 7A **6**
North Wlk. CR0: New Ad 1G **21**
(not continuous)
Northway SM4: Mord 6A **4**
SM6: Wall 6K **11**
Northway Rd. CR0: Croy 1J **13**
Northwood Av. CR8: Purl 6D **18**
Nth. Wood Ct. SE25 5K **7**
Northwood Rd. CR7: Thor H 4E **6**
SM5: Cars 1H **17**
Northwood Way SE19 1G **7**
Norton Ct. BR3: Beck 3E **8**
Norton Gdns. SW16 4B **6**
Norwich Rd. CR7: Thor H 5F **7**
NORWOOD 1H 7
Norwood Junction Station (Rail) 6K 7
NORWOOD NEW TOWN 1F 7
Notson Rd. SE25 6A **8**
Nottingham Rd.
CR2: S Croy 7B **28** (6F **13**)
Nova M. SM3: Sutt 2A **10**
Nova Rd. CR0: Croy 3E **12**
Nugent Rd. SE25 5J **7**
Nursery Av. CR0: Croy 4C **14**
Nursery Cl. CR0: Croy 4C **14**
Nursery Rd. CR4: Mitc 5F **5**
CR7: Thor H 6G **7**
SM1: Sutt 6D **10**
SW19 4C **4**
Nutfield Cl. SM5: Cars 5F **11**
Nutfield Pas. *CR7: Thor H 6E 6*
(off Nutfield Rd.)
Nutfield Rd. CR5: Coul 3H **23**
CR7: Thor H 6E **6**
Nutwell St. SW17 1F **5**

O

Oakapple Cl. CR2: Sand 1A **26**
Oak Av. CR0: Croy 3F **15**
Oak Bank CR0: New Ad 1H **21**
Oak Cl. SM1: Sutt 4D **10**
Oakdale Way CR4: Mitc 2H **11**
Oakdene M. SM3: Sutt 3A **10**
Oakfield Cen. SE20 2A **8**
Oakfield Gdns. BR3: Beck 7G **9**
SM5: Cars 3F **11**
Oakfield Rd.
CR0: Croy 1B **28** (3F **13**)
SE20 2A **8**
Oakfield Rd. Ind. Est.
SE20 2A **8**
Oak Gdns. CR0: Croy 4F **15**
Oak Gro. BR4: W W'ck 3H **15**
Oak Gro. Rd. SE20 3B **8**
Oakhill Rd. BR3: Beck 4H **9**
SM1: Sutt 5C **10**
SW16 3B **6**
Oakhurst Ri. SM5: Cars 4F **17**
Oaklands BR3: Beck 3G **9**
CR8: Kenl 1F **25**
Oaklands Av. BR4: W W'ck 5G **15**
CR7: Thor H 6D **6**
Oaklands Ct. *SE20 2B 8*
(off Chestnut Gro.)
Oaklands Gdns. CR8: Kenl 1F **25**
Oaklands Rd. BR1: Brom 2K **9**
Oaklands Way SM6: Wall 2A **18**
Oakleigh Way CR4: Mitc 3J **5**
Oakley Av. CR0: Bedd 6C **12**
Oakley Gdns. SM7: Bans 2C **22**
Oakley Rd. CR6: Warl 5K **25**
SE25 7A **8**
Oak Lodge SM1: Sutt 6D **10**
Oak Lodge Dr.
BR4: W W'ck 2G **15**
Oakmead Pl. CR4: Mitc 3F **5**
Oakmead Rd. CR0: Croy 1A **12**
Oak Row SW16 4K **5**
Oaks La. CR0: Croy 5A **14**
Oaks Rd. CR0: Croy 7A **14**
CR8: Kenl 1E **24**
Oaks Sports Cen. 5F 17
Oaks Track SM5: Cars 5G **17**
SM6: Wall 5G **17**
Oaks Way CR8: Kenl 1F **25**
SM5: Cars 2G **17**
Oakview Gro. CR0: Croy 3D **14**
Oak Way CR0: Croy 1C **14**
SM6: Wall 3H 11
(off Helios Rd.)
Oakway BR2: Brom 4J **9**
Oakwood SM6: Wall 3J **17**
Oakwood Av. BR3: Beck 4H **9**
CR4: Mitc 4E **4**
CR8: Purl 6E **18**
Oakwood Dr. SE19 1G **7**
Oakwood Gdns. SM1: Sutt 4B **10**
Oakwood Pl. CR0: Croy 1D **12**
Oakwood Rd. CR0: Croy 1D **12**
Oates Cl. BR2: Brom 5J **9**
Oatlands Rd. KT20: Tad 6A **22**
Oban Rd. SE25 6G **7**
Ockley Ct. SM1: Sutt 6D **10**
Ockley Rd. CR0: Croy 2C **12**
Octavia Cl. CR4: Mitc 7F **5**
Odeon Cinema
Beckenham 4E 8
Sutton 7C 10
Wimbledon 1A 4
Old Barn La. CR8: Kenl 3J **25**
Old Bromley Rd. BR1: Brom 1J **9**
OLD COULSDON 6D 24
Olden La. CR8: Purl 6D **18**
Old Farleigh Rd. CR2: Sels 4B **20**
CR6: Warl 7D **20**
Oldfields Rd. SM1: Sutt 5A **10**
Oldfields Trad. Est.
SM1: Sutt 5B **10**
Old Fox Cl. CR3: Cat'm 7E **24**
Old Lodge La.
CR8: Kenl, Purl 4E **24**
CR8: Purl 7C **18**
Old Mkt. Ct. SM1: Sutt 6C **10**
Old Oak Av. CR5: Chip 6F **23**
Old Pal. Rd.
CR0: Croy 4A **28** (5E **12**)
Old School Cl. BR3: Beck 4C **8**
SW19 4B **4**
Old School Pl. CR0: Wadd 6D **12**
Old Swan Yd. SM5: Cars 6G **11**
Old Town CR0: Croy 4A **28** (5E **12**)
Old Westhall Cl. CR6: Warl 6B **26**
Oliver Av. SE25 5J **7**
Oliver Gro. SE25 6J **7**
Olive Rd. SW19 2D **4**
Oliver Rd. SM1: Sutt 6E **10**
Olley Cl. SM6: Wall 2B **18**
Olveston Wlk. SM5: Cars 1E **10**
Olyffe Dr. BR3: Beck 3H **9**
Onslow Av. SM2: Cheam 4A **16**
Onslow Gdns. CR2: Sand 6K **19**
SM6: Wall 1K **17**
Onslow Rd. CR0: Croy 2C **12**
Orchard, The SM7: Bans 2B **22**
Orchard Av. CR0: Croy 4D **14**
CR4: Mitc 3H **11**
Orchard Bus. Cen. SE26 1E **8**
Orchard Cl. SM7: Bans 1C **22**
Orchard Ct. SM6: Wall 7J **11**
Orchard Gdns. SM1: Sutt 7B **10**
Orchard Gro. CR0: Croy 2D **14**
SE20 2K **7**
Orchard Hill SM5: Cars 7G **11**
Orchard Ri. CR0: Croy 3D **14**
Orchard Rd. CR2: Sand 1A **26**
CR4: Mitc 3H **11**
SM1: Sutt 7B **10**
Orchard Way BR3: Beck 2D **14**
CR0: Croy 3D **14**
SM1: Sutt 6E **10**
Orchid Mead SM7: Bans 1C **22**
Oriel Cl. CR4: Mitc 6A **6**
Oriel Ct. CR0: Croy 1D **28** (3G **13**)
Orion Cen., The CR0: Bedd 4B **12**
Orleans Rd. SE19 1G **7**
Orme Rd. SM1: Sutt 1C **16**
Ormerod Gdns. CR4: Mitc 4H **5**
Ormsby SM2: Sutt 2C **16**
Osborne Cl. BR3: Beck 6D **8**
Osborne Gdns. CR7: Thor H 4F **7**
Osborne Pl. SM1: Sutt 7E **10**
Osborne Rd. CR7: Thor H 4F **7**
Osborne Ter. *SW17 1G 5*
(off Church La.)
Osier Way CR4: Mitc 7G **5**
Osmond Gdns. SM6: Wall 7K **11**
Osney Wlk. SM5: Cars 1E **10**
Osprey Cl. SM1: Sutt 7A **10**
Osprey Ct. BR3: Beck 2F **9**
Osprey Gdns. CR2: Sels 4D **20**
Ospringe Cl. SE20 2B **8**
Osterley Gdns. CR7: Thor H 4F **7**
Osward CR0: Sels 3E **20**
(not continuous)
Otford Cl. SE20 3B **8**
Otterbourne Rd.
CR0: Croy 2B **28** (4F **13**)
Otterburn St. SW17 1G **5**
Outram Rd. CR0: Croy 4J **13**
Outwood La.
CR5: Chip, Kgswd 7F **23**
KT20: Kgswd 7E **22**
Oval, The SM7: Bans 1B **22**
Oval Ho. *CR0: Croy 3H 13*
(off Oval Rd.)
Oval Rd. CR0: Croy 2E **28** (4G **13**)
Overbrae BR3: Beck 1F **9**
Overbury Av. BR3: Beck 5G **9**
Overbury Cres.
CR0: New Ad 4H **21**
Overhill CR6: Warl 6B **26**
Overhill Rd. CR8: Purl 3D **18**

44 A-Z Croydon

Overhill Way—Priory, The

Overhill Way BR3: Beck 7J 9
Overstand Cl. BR3: Beck 7F 9
Overstone Gdns. CR0: Croy 2E 14
Overton Ct. SM2: Sutt 2B 16
Overton Rd. SM2: Sutt 1B 16
Overton's Yd.
CR0: Croy 4B 28 (5F 13)
Ovett Cl. SE19 1H 7
Owen Cl. CR0: Croy 1G 13
Owen Wlk. SE20 3K 7
Owl Cl. CR2: Sels 4C 20
Ownstead Gdns.
CR2: Sand 5J 19
Ownsted Hill CR0: New Ad 4H 21
Oxford Cl. CR4: Mitc 5K 5
Oxford Rd. SE19 1G 7
SM5: Cars 1F 17
SM6: Wall 7K 11
Oxlip Cl. CR0: Croy 3C 14
Oxted Cl. CR4: Mitc 5E 4
Oxtoby Way SW16 3A 6

P

Paddock Gdns. SE19 1H 7
Paddock Pas. *SE19 1H 7*
(off Paddock Gdns.)
Paddocks, The CR0: Addtn 1F 21
Paddock Wlk. CR6: Warl 6A 26
Padua Rd. SE20 3B 8
Pageant Wlk. CR0: Croy 5H 13
Page Cres. CR0: Wadd 7E 12
Pagehurst Rd. CR0: Croy 2A 14
Paget Av. SM1: Sutt 5E 10
Pain's Cl. CR4: Mitc 4J 5
Paisley Rd. SM5: Cars 3E 10
Paisley Ter. SM5: Cars 2E 10
Palace Grn. CR0: Sels 2E 20
Palace Gro. SE19 2J 7
Palace Rd. SE19 2J 7
Palace Sq. SE19 2J 7
Palace Vw. CR0: Croy 6E 14
Palestine Gro. SW19 3E 4
Palmer Cl. BR4: W W'ck 5J 15
Palmersfield Rd. SM7: Bans 1B 22
Palmers Rd. SW16 4C 6
Palmerston Gro.
SW19 2B 4
Palmerston Rd. CR0: Croy 7G 7
SM1: Sutt 7D 10
SM5: Cars 6G 11
SW19 2B 4
Pampisford Rd. CR2: S Croy 3E 18
CR8: Purl 5D 18
Papermill Cl. SM5: Cars 6H 11
Parade, The CR0: Croy 1B 12
SM1: Sutt 5A 10
SM5: Cars 7G 11
(off Beynon Rd.)
Parchmore Rd. CR7: Thor H 4E 6
Parchmore Way CR7: Thor H 4E 6
Parfour Dr. CR8: Kenl 3F 25
Parish La. SE20 1C 8
Parish M. SE20 2C 8
Park, The SM5: Cars 7G 11
Park Av. BR1: Brom 1K 9
BR4: W W'ck 4H 15
CR4: Mitc 2J 5
SM5: Cars 1H 17
Park Av. M. CR4: Mitc 2J 5
Park Cl. SM5: Cars 1G 17
Park Ct. *CR2: S Croy 7F 13*
(off Warham Rd.)
SE26 1A 8
SM6: Wall 7B 12
Parker Cl. SM5: Cars 1G 17
Parker Rd. CR0: Croy 6C 28 (6F 13)
Parkfields CR0: Croy 3E 14
Parkfields Cl. SM5: Cars 6H 11
Parkgate Rd. SM6: Wall 7H 11
Parkham Ct. BR2: Brom 4K 9
Park Hill SM5: Cars 1F 17
Park Hill Cl. SM5: Cars 7F 11
Park Hill M.
CR2: S Croy 7E 28 (7G 13)
Park Hill Ri. CR0: Croy 4H 13
Park Hill Rd. BR2: Brom 4K 9
CR0: Croy 4H 13
SM6: Wall 2J 17
Parkhurst Rd. SM1: Sutt 6E 10
Park La. CR0: Croy 3D 28 (5G 13)
SM5: Cars 6H 11
SM6: Wall 7H 11
Park La. Mans. CR0: Croy 5D 28
PARK LANGLEY 6H 9
Parkleigh Rd. SW19 4C 4
Park Ley Rd. CR3: Wold 7C 26
Park Mnr. *SM2: Sutt 2D 16*
(off Christchurch Pk.)
Park Rd. BR3: Beck 2E 8
CR6: Warl 1K 27
CR8: Kenl 2E 24
SE25 6H 7
SM3: Cheam 1A 16
SM6: Wall 7J 11
(Clifton Rd.)
SM6: Wall 4J 11
(Elmwood Cl.)
SM7: Bans 2C 22
SW19 1E 4
Parkside Cl. SE20 2B 8
Parkside Gdns. CR5: Coul 4J 23
Parkside M. CR6: Warl 3F 27
Park St. CR0: Croy 3C 28 (4F 13)
Park Ter. SM5: Cars 5F 11
Park Vw. Ct. SE20 3A 8
Park Vw. Dr. CR4: Mitc 4E 4
Park Vw. Rd. CR0: Croy 3K 13
Parkway CR0: New Ad 3G 21
Parkwood BR3: Beck 2F 9
Parkwood Rd. SW19 1A 4
Parrs Cl. CR2: Sand 3G 19
Parry Rd. SE25 5H 7
Parsley Gdns. CR0: Croy 3C 14
Parsonage Cl. CR6: Warl 3E 26
Parsons Cl. SM1: Sutt 5C 10
Parson's Mead
CR0: Croy 1A 28 (3E 12)
Partridge Knoll CR8: Purl 6E 18
Paston Cl. SM6: Wall 5K 11
Path, The SW19 3C 4
Pathfield Rd. SW16 1A 6
Patricia Gdns. SM2: Sutt 5B 16
Patterdale Cl. BR1: Brom 1K 9
Patterson Ct. SE19 2J 7
Patterson Rd. SE19 1J 7
Paul Gdns. CR0: Croy 4J 13
Pavement Sq. CR0: Croy 3K 13
Pavilion La. BR3: Beck 1E 8
Pawleyne Cl. SE20 2B 8
Pawsons Rd. CR0: Croy 1F 13
Paxton Ct. *CR4: Mitc 4G 5*
(off Armfield Cres.)
Peabody Cl. CR0: Croy 3B 14
Peace Cl. SE25 6H 7
Peacock Gdns. CR2: Sels 4D 20
Peaks Hill CR8: Purl 4A 18
Peaks Hill Ri. CR8: Purl 4B 18
Peall Rd. CR0: Croy 1C 12
Peall Rd. Ind. Est. CR0: Croy 1C 12
Pearce Cl. CR4: Mitc 4H 5
Pearson Cl. CR8: Purl 5E 18
Peartree Cl. CR2: Sand 1A 26
CR4: Mitc 4F 5
Pegasus Ct. SM7: Bans 2B 22
Pegasus Rd. CR0: Wadd 1D 18
Pelham Rd. BR3: Beck 4B 8
SW19 2B 4
Pelton Av. SM2: Sutt 4C 16
Pembroke Cl. SM7: Bans 4C 22
Pembroke Rd. CR4: Mitc 4H 5
SE25 6H 7
Pembury Cl. CR5: Coul 1H 23
Pembury Rd. SE25 6K 7
Pemdevon Rd. CR0: Croy 2D 12
Pendle Rd. SW16 1J 5
Penfold Cl. CR0: Wadd 5D 12
PENGE 2B 8
Penge East Station (Rail) 1B 8
Penge La. SE20 2B 8
Penge Rd. SE20 5K 7
SE25 5K 7
Penge West Station (Rail) 1A 8
Penistone Rd. SW16 2B 6
Pennycroft CR0: Sels 3D 20
Penny Royal SM6: Wall 1A 18
Penrhyn Cl. CR3: Cat'm 7G 25
Penrith Cl. BR3: Beck 3G 9
Penrith Rd. CR7: Thor H 4F 7
Penrith St. SW16 1K 5
Penshurst Rd. CR7: Thor H 7E 6
Penshurst Way SM2: Sutt 2B 16
Pentlands Cl. CR4: Mitc 5J 5
Penwortham Rd. CR2: Sand 4F 19
SW16 1J 5
Peppercorn Cl. CR7: Thor H 4G 7
Peppermint Cl. CR0: Croy 2B 12
Percy Rd. CR4: Mitc 2H 11
SE20 3C 8
SE25 7K 7
Peregrine Gdns. CR0: Croy 4D 14
Perotts Wood Nature Reserve 5D 22
Pershore Gro. SM5: Cars 1E 10
Perth Rd. BR3: Beck 4H 9
Peterborough Rd. SM5: Cars 1F 11
Peter Kennedy Ct.
BR3: Beck 1E 14
Petersfield Cres. CR5: Coul 2B 24
Petersham Cl. SM1: Sutt 7B 10
Petersham Ter. *CR0: Bedd 5B 12*
(off Richmond Grn.)
Peterwood Pk. CR0: Wadd 4C 12
Peterwood Way CR0: Wadd 4C 12
Petworth Cl. CR5: Coul 6K 23
Pharaoh Cl. CR4: Mitc 2G 11
Pheasant Cl. CR8: Purl 7E 18
Philip Gdns. CR0: Croy 4E 14
Philips Cl. SM5: Cars 3H 11
Phipps Bri. Rd. CR4: Mitc 4D 4
SW19 4D 4
Phipps Bridge Stop (CT) 5E 4
Phoenix Cen. 2B 18
Phoenix Cl. BR4: W W'ck 4J 15
Phoenix Ct. CR2: S Croy 7J 13
Phoenix Ho. SM1: Sutt 6C 10
Phoenix Rd. SE20 1B 8
Phyllis Ho. CR0: Wadd 7A 28
Pickering Gdns. CR0: Croy 1J 13
Pickhurst Grn. BR2: Hayes 2K 15
Pickhurst La. BR2: Hayes 2K 15
BR4: W W'ck 7K 9
Pickhurst Mead BR2: Hayes 2K 15
Pickhurst Pk.
BR2: Brom 7K 9 & 1K 15
Pickhurst Ri. BR4: W W'ck 2H 15
Picquets Way SM7: Bans 3A 22
Pilgrim Cl. SM4: Mord 2C 10
Pilgrims Way CR2: S Croy 1J 19
Pilton Est., The
CR0: Croy 2A 28 (4E 12)
Pincott Rd. SW19 2D 4
Pine Av. BR4: W W'ck 3G 15
Pine Cl. CR8: Kenl 4G 25
SE20 3B 8
Pine Coombe CR0: Croy 6C 14
Pine Cres. SM5: Cars 5E 16
Pine Gro. SW19 1A 4
Pine Ridge SM5: Cars 2H 17
Pines, The CR5: Coul 5J 23
CR8: Purl 7F 19
Pine Wlk. SM5: Cars 4E 16
SM7: Bans 4G 23
Pine Wlk. E. SM5: Cars 5E 16
Pine Wlk. W. SM5: Cars 4E 16
Pinewood Cl. CR0: Croy 5D 14
Pioneer Pl. CR0: Sels 3F 21
Pioneers Ind. Pk. CR0: Bedd 3B 12
Piper's Gdns. CR0: Croy 2D 14
Pipewell Rd. SM5: Cars 1F 11
Pippin Cl. CR0: Croy 3E 14
Piquet Rd. SE20 4B 8
Pirbright Cres. CR0: New Ad 1H 21
Pitcairn Rd. CR4: Mitc 2G 5
Pitlake CR0: Croy 2A 28 (4E 12)
Pitt Rd. CR0: Croy 7F 7
CR7: Thor H 7F 7
Pittville Gdns. SE25 5K 7
Pixton Way CR0: Sels 3D 20
Placehouse La. CR5: Coul 6C 24
Plane Ho. BR2: Brom 4K 9
Plane Tree Wlk. SE19 1H 7
Plantation La.
CR3: Warl, Wold 6D 26
CR6: Warl 6D 26
Plawsfield Rd. BR3: Beck 3C 8
Playground Cl. BR3: Beck 4C 8
Playscape Pro Racing Karting Track 1A 6
Pleasant Gro. CR0: Croy 5E 14
Plesman Way SM6: Wall 3B 18
Pleydell Av. SE19 2J 7
Pleydell Gdns. *SE19 1J 7*
(off Anerley Hill)
Plough La. CR8: Purl 3B 18
SM6: Bedd 6B 12
Plough La. Cl. SM6: Bedd 7B 12
Plummer La. CR4: Mitc 4G 5
Plumpton Way SM5: Cars 5F 11
Plumtree Cl. SM6: Wall 2A 18
Pollard Rd. SM4: Mord 7E 4
Pollards Cres. SW16 5B 6
Pollards Hill E. SW16 5C 6
Pollards Hill Nth. SW16 5B 6
Pollards Hill Sth. SW16 5B 6
Pollards Hill W. SW16 5C 6
Pollards Wood Rd. SW16 5B 6
Polworth Rd. SW16 1B 6
Pond Cott. La. BR4: Beck 3F 15
Pondfield Ho. SE27 1F 7
Pondfield Rd. BR2: Hayes 3K 15
CR8: Kenl 3E 24
Pool Cl. BR3: Beck 1F 9
Pope Cl. SW19 1E 4
Popes Gro. CR0: Croy 5E 14
Poplar Av. CR4: Mitc 3G 5
Poplar Rd. SM3: Sutt 3A 10
SW19 4B 4
Poplar Rd. Sth. SW19 5B 4
Poplar Wlk.
CR0: Croy 1B 28 (4F 13)
Poppy Cl. SM6: Wall 3H 11
Poppy La. CR0: Croy 2B 14
Porchester Mead BR3: Beck 1G 9
Porchfield Cl. SM2: Sutt 4C 16
Portland Cotts. CR0: Bedd 2A 12
Portland Pl. *SE25 6K 7*
(off Sth. Norwood Hill)
Portland Rd. CR4: Mitc 4F 5
SE25 6K 7
Portley La. CR3: Cat'm 7H 25
Portley Wood Rd.
CR3: Whyt 7J 25
Portnalls Cl. CR5: Coul 3J 23
Portnalls Ri. CR5: Coul 3K 23
Portnalls Rd. CR5: Coul 5J 23
Postmill Cl. CR0: Croy 5B 14
Potter Cl. CR4: Mitc 4J 5
Potters Cl. CR0: Croy 3D 14
Potter's La. SW16 1A 6
Poulton Av. SM1: Sutt 5E 10
Pound Rd. SM7: Bans 4A 22
Pound St. SM5: Cars 7G 11
Powell Cl. SM6: Wall 2B 18
Powell Ct. CR2: S Croy 7A 28
Powerleague Soccer Cen.
Norbury 3B 6
Purley 1C 18
Precincts, The SM4: Mord 1B 10
Prescott Cl. SW16 2B 6
Preshaw Cres. CR4: Mitc 5F 5
Prestbury Cres. SM7: Bans 3G 23
Preston Rd. SE19 1E 6
Prestwood Gdns. CR0: Croy 2F 13
Pretoria Rd. SW16 1J 5
Pretty La. CR5: Coul 7K 23
Price Rd. CR0: Wadd 7A 28 (7E 12)
Prickley Wood BR2: Hayes 3K 15
Priddy's Yd.
CR0: Croy 3B 28 (4F 13)
Pridham Rd. CR7: Thor H 6G 7
Priestley Rd. CR4: Mitc 4H 5
Primrose Cl. SM6: Wall 2J 11
Primrose La. CR0: Croy 3B 14
Prince Charles Way
SM6: Wall 5J 11
Prince George's Rd.
SW19 3E 4
Prince of Wales Rd.
SM1: Sutt 4E 10
Prince Rd. SE25 7H 7
Princes Av. CR2: Sand 2A 26
SM5: Cars 2G 17
Princes Cl. CR2: Sand 2A 26
Princes Rd. SE20 1C 8
SW19 1B 4
Princess Rd. CR0: Croy 1F 13
Princes St. SM1: Sutt 6E 10
Princes Way BR4: W W'ck 6K 15
CR0: Wadd 7C 12
Pringle Gdns. CR8: Purl 4C 18
Prior Av. SM2: Sutt 2F 17
Priory, The CR0: Wadd 6D 12

A-Z Croydon 45

Priory Cl.—Rolls Royce Cl.

Priory Cl. BR3: Beck 5D 8
SW19 . . . . .3C 4
Priory Cres. SE19 . . . . .2F 7
Priory Gdns. SE25 . . . . .6J 7
Priory Retail Pk. SW19 . . . . .2E 4
Priory Rd. CR0: Croy 2D 12
SW19 . . . . .2E 4
Proctor Cl. CR4: Mitc 3H 5
Progress Bus. Pk., The
CR0: Wadd 4C 12
Progress Way CR0: Wadd 4C 12
Prologis Pk. CR0: Bedd 2A 12
Promenade de Verdun
CR8: Purl 5A 18
Puffin Cl. BR3: Beck 7C 8
Pump Ho. Cl. BR2: Brom 4K 9
Pump Pail Nth.
CR0: Croy 5B 28 (5F 13)
Pump Pail Sth.
CR0: Croy 5B 28 (5F 13)
Purcell Cl. CR8: Kenl 1F 25
PURLEY 5D 18
PURLEY & DISTRICT WAR MEMORIAL HOSPITAL . . .5D 18
Purley Bury Av. CR8: Purl 5F 19
Purley Bury Cl. CR8: Purl 5F 19
PURLEY CROSS 5D 18
Purley Downs Rd.
CR2: Sand 4F 19
CR8: Purl 4F 19
Purley Hill CR8: Purl 6E 18
Purley Knoll CR8: Purl 5C 18
Purley Oaks Rd. CR2: Sand 3G 19
Purley Oaks Station (Rail) 3G 19
Purley Pde. CR8: Purl 5D 18
Purley Pk. Rd. CR8: Purl 4E 18
Purley Pool 5D 18
Purley Ri. CR8: Purl 6C 18
Purley Rd. CR2: S Croy 2G 19
Purley Station (Rail) 5D 18
Purley Va. CR8: Purl 7E 18
Purley Vw. Ter. *CR2: S Croy 2G 19*
(off Sanderstead Rd.)
Purley Way CR0: Croy, Wadd . . .2C 12
CR8: Purl 5D 18
Purley Way Cen., The
CR0: Wadd 4D 12
Purley Way Cnr. CR0: Croy 2C 12
Pylbrook Rd. SM1: Sutt 5B 10
Pylon Way CR0: Bedd 3B 12
Pytchley Cres. SE19 . . . . .1F 7

Q

Quadrant, The SM2: Sutt 1D 16
SW20 . . . . .3A 4
Quadrant Rd. CR7: Thor H 6E 6
Quail Gdns. CR2: Sels 4D 20
Quarr Rd. SM5: Cars 1E 10
Quarry Pk. Rd. SM1: Sutt 1A 16
Quarry Ri. SM1: Sutt 1A 16
Queen Adelaide Ct. SE20 . . . . . . .1B 8
Queen Adelaide Rd.
SE20 . . . . .1B 8
Queen Alexandra's Ct.
SW19 . . . . .1A 4
Queen Anne's Gdns.
CR4: Mitc 5G 5
Queen Elizabeth Gdns.
SM4: Mord 6B 4
Queen Elizabeth's Dr.
CR0: New Ad 3J 21
Queen Elizabeth's Gdns.
CR0: New Ad 4J 21
Queen Elizabeth's Wlk.
SM6: Bedd 6A 12
(off Croydon Rd.)
SM6: Bedd 6A 12
(Sandhills)
Queenhill Rd. CR2: Sels 4A 20
Queen Mary Rd. SE19 . . . . .1E 6
Queen Mary's Av. SM5: Cars . . .2G 17
QUEEN MARY'S HOSPITAL FOR CHILDREN 3D 10
Queens Cl. SM6: Wall 7J 11
Queens Ct. CR2: S Croy 7C 28
SM2: Sutt 5B 16
Queensland Av. SW19 . . . . .3C 4
Queen's Mead Rd. BR2: Brom . . .4K 9
Queens Pl. SM4: Mord 6B 4
Queens Rd. BR3: Beck 4D 8
CR0: Croy 1E 12
SM2: Sutt 4B 16
SM4: Mord 6B 4
SM6: Wall 7J 11
SW19 . . . . .1A 4
Queen St. CR0: Croy . . .6B 28 (6F 13)
Queensway BR4: W W'ck 5K 15
CR0: Wadd 1C 18
Queenswood Av.
CR7: Thor H 7D 6
SM6: Bedd 6A 12
Quicks Rd. SW19 . . . . .2C 4
Quintin Av. SW20 . . . . .3A 4
Quinton Cl. BR3: Beck 5H 9
SM6: Wall 6J 11

R

Rackham M. SW16 . . . . .1K 5
Radcliffe Gdns. SM5: Cars 3F 17
Radcliffe Rd. CR0: Croy 4J 13
Radnor Cl. CR4: Mitc 6B 6
Radnor Ter. SM2: Sutt 2B 16
Radnor Wlk. CR0: Croy 1D 14
Raglan Ct.
CR2: S Croy 7A 28 (7E 12)
Railpit La. CR6: Warl 2K 27
Railway App. SM6: Wall 7J 11
Railway Ter. *CR5: Coul 2A 24*
(off Station App.)
Raleigh Av. SM6: Bedd 6A 12
Raleigh Ct. BR3: Beck 3G 9
SM6: Wall 1J 17
Raleigh Gdns. CR4: Mitc 5G 5
(not continuous)
Raleigh Rd. SE20 . . . . .2C 8
Ralph Perring Ct. BR3: Beck 6F 9
Rama Cl. SW16 . . . . .2B 6
Rama La. SE19 . . . . .2J 7
Rame Cl. SW17 . . . . .1H 5
Ramones Ter. *CR4: Mitc 6B 6*
(off Yorkshire Rd.)
Ramsdale Rd. SW17 . . . . .1H 5
Ramsey Ct. CR0: Croy 3A 28
Ramsey Rd. CR7: Thor H 1C 12
Ranfurly Rd. SM1: Sutt 4B 10
Ranmore Av. CR0: Croy 5J 13
Rathbone Sq.
CR0: Croy 6B 28 (6F 13)
Ravensbourne Av. BR2: Brom 2J 9
Ravensbourne Station (Rail) 2J 9
Ravensbury Av. SM4: Mord 7D 4
Ravensbury Ct. *CR4: Mitc 6E 4*
(off Ravensbury Gro.)
Ravensbury Gro. CR4: Mitc 6E 4
Ravensbury La. CR4: Mitc 6E 4
Ravensbury Path CR4: Mitc 6E 4
Ravenscroft Rd. BR3: Beck 4B 8
Ravensdale Gdns. SE19 . . . . .2G 7
Ravenshead Cl. CR2: Sels 5B 20
Ravensmead Rd. BR2: Brom 2J 9
Ravens Wold CR8: Kenl 2F 25
Ravenswood Av.
BR4: W W'ck 3H 15
Ravenswood Cres.
BR4: W W'ck 3H 15
Ravenswood Rd.
CR0: Wadd 5A 28 (5E 12)
Rawlings Cl. BR3: Beck 7H 9
Rawlins Cl. CR2: Sels 2D 20
Rawnsley Av. CR4: Mitc 7E 4
Rayleigh Ri. CR2: S Croy 1H 19
Rayleigh Rd. SW19 . . . . .3A 4
Raymead Av. CR7: Thor H 7D 6
Raymead Pas. *CR7: Thor H 7D 6*
(off Raymead Av.)
Raymond Rd. BR3: Beck 6D 8
SW19 . . . . .1A 4
Rays Rd. BR4: W W'ck 2H 15
Readens, The SM7: Bans 3F 23
Reading Rd. SM1: Sutt 7D 10
Reads Rest La. KT20: Tad 6A 22
Recovery St. SW17 . . . . .1F 5
Recreation Rd. BR2: Brom 4K 9
Recreation Way CR4: Mitc 5A 6
Rectory Ct. SM6: Wall 6K 11
Rectory Gdns. *BR3: Beck 3F 9*
(off Rectory Rd.)
Rectory Grn. BR3: Beck 3E 8
Rectory Gro.
CR0: Croy 3A 28 (4E 12)
Rectory La. SM6: Wall 6K 11
SM7: Bans 1G 23
SW17 . . . . .1H 5
Rectory Pk. CR2: Sand 7H 19
Rectory Rd. BR3: Beck 3F 9
SM1: Sutt 5B 10
Redbarn Cl. CR8: Purl 5E 18
Redclose Av. SM4: Mord 7B 4
Redcourt CR0: Croy 5H 13
Reddington Cl. CR2: Sand 3G 19
Reddons Rd. BR3: Beck 2D 8
Reddown Rd. CR5: Coul 5A 24
Redford Av. CR5: Coul 2J 23
CR7: Thor H 6C 6
SM6: Wall 1B 18
Redgrave Cl. CR0: Croy 1J 13
Redhouse Rd. CR0: Croy 1A 12
Redlands CR5: Coul 3B 24
Redlands, The BR3: Beck 4G 9
Red Lodge BR4: W W'ck 3H 15
Red Lodge Rd. BR4: W W'ck . . .3H 15
Redroofs Cl. BR3: Beck 3G 9
Redruth Ho. SM2: Sutt 2C 16
Redstart Cl. CR0: New Ad 4J 21
Redvers Rd. CR6: Warl 5C 26
Redwing Cl. CR2: Sels 5C 20
Redwing Rd. SM6: Wall 2B 18
Redwood Cl. CR8: Kenl 1F 25
Reedham Dr. CR8: Purl 7C 18
Reedham Pk. Av. CR8: Purl 3D 24
Reedham Station (Rail) 7C 18
Rees Gdns. CR0: Croy 1J 13
Reeves Cnr.
CR0: Croy 3A 28 (4E 12)
Reeves Corner Stop (CT) 3A 28 (4E 12)
Regal Cres. SM6: Wall 5J 11
Regency Ct. SM1: Sutt 6D 10
Regency M. BR3: Beck 2H 9
Regency Wlk. CR0: Croy 1E 14
Regent Pde. SM2: Sutt 1D 16
Regent Pl. CR0: Croy 3J 13
SW19 . . . . .1D 4
Regents Cl. CR2: S Croy 1H 19
CR3: Whyt 5H 25
Regina Ho. SE20 . . . . .3C 8
Regina Rd. SE25 . . . . .5K 7
Regis Ct. CR4: Mitc 3F 5
Reid Av. CR3: Cat'm 7G 25
Reid Cl. CR5: Coul 3J 23
Reigate Av. SM1: Sutt 3B 10
Reigate Way SM6: Wall 7B 12
Relko Gdns. SM1: Sutt 7E 10
Renaissance Ct. SM5: Sutt 3D 10
Rendle Cl. CR0: Croy 7J 7
Renmuir St. SW17 . . . . .1G 5
Renown Cl.
CR0: Croy 1A 28 (3E 12)
Repton Cl. SM5: Cars 7F 11
Repton Ct. BR3: Beck 3G 9
Reservoir Cl. CR7: Thor H 5G 7
Restmor Way SM6: Wall 4H 11
Retreat, The CR7: Thor H 6G 7
Revell Rd. SM1: Sutt 1A 16
Revesby Rd. SM5: Cars 1E 10
Rewley Rd. SM5: Cars 1E 10
Reynard Dr. SE19 . . . . .2J 7
Reynolds Cl. SM5: Cars 3G 11
SW19 . . . . .3E 4
Reynolds Way CR0: Croy 6H 13
Rheingold Way SM6: Wall 3B 18
Rhodesmoor Ho. Ct.
SM4: Mord 1B 10
Rialto Rd. CR4: Mitc 4H 5
Ribblesdale Rd. SW16 . . . . .1J 5
Richard Sharples Ct.
SM2: Sutt 2D 16
Richland Av. CR5: Coul 1H 23
Richmond Av. SW20 . . . . .3A 4
Richmond Ct. CR4: Mitc 5E 4
Richmond Grn. CR0: Bedd 5B 12
Richmond Rd. CR0: Bedd 5B 12
CR5: Coul 2J 23
CR7: Thor H 5E 6
Rickman Hill CR5: Coul 5J 23
Rickman Hill Rd.
CR5: Chip, Coul 5J 23
(not continuous)
RIDDLESDOWN 7F 19
Riddlesdown Av. CR8: Purl 5F 19
Riddlesdown Rd. CR8: Kenl 1H 25
CR8: Purl 4F 19
Riddlesdown Station (Rail) 7F 19
Ridge, The CR5: Coul 1B 24
CR8: Purl 4K 17
Ridge Ct. CR6: Warl 5K 25
Ridge Langley CR2: Sand 4K 19
Ridgemount Av. CR0: Croy 3C 14
CR5: Coul 4J 23
Ridgemount Cl. SE20 . . . . .2A 8
Ridge Pk. CR8: Purl 4A 18
Ridge Rd. CR4: Mitc 2J 5
SM3: Sutt 3A 10
Ridges Yd.
CR0: Croy 4A 28 (5E 12)
Ridge Way SE19 . . . . .1H 7
Ridge Way, The CR2: Sand 3H 19
Ridgeway, The CR0: Wadd 5C 12
Ridgway, The SM2: Sutt 2E 16
Ridgway Pl. SW19 . . . . .1A 4
Riding Hill CR2: Sand 7K 19
Ridings, The KT20: Tad 7A 22
Ridley Ct. SW16 . . . . .1B 6
Ridley Rd. CR6: Warl 5B 26
SW19 . . . . .2C 4
Ridsdale Rd. SE20 . . . . .3A 8
Riesco Dr. CR0: Croy 1B 20
Rigby Cl. CR0: Wadd 5D 12
Ringstead Rd. SM1: Sutt 6E 10
Ringwold Cl. BR3: Beck 2D 8
Ringwood Av. CR0: Croy 2B 12
Ripley Cl. CR0: New Ad 1H 21
Ripley Ct. CR4: Mitc 4E 4
Ripley Gdns. SM1: Sutt 6D 10
(not continuous)
Rise, The CR2: Sels 3B 20
Ritchie Rd. CR0: Croy 1A 14
River Gdns. SM5: Cars 4H 11
River Gro. Pk. BR3: Beck 3E 8
Riverhead Dr. SM2: Sutt 4C 16
River Pk. Gdns. BR2: Brom 2J 9
Riverside Bus. Pk. SW19 . . . . . . .3D 4
Riverside Cl. SM6: Wall 5J 11
Riverside Dr. CR4: Mitc 7F 5
Riverside M. CR0: Bedd 5B 12
Riverside Wlk. BR4: W W'ck . . .3G 15
Roan Ind. Est. *CR4: Mitc 3G 5*
(off Lavender Av.)
Robertsbridge Rd.
SM5: Cars 3D 10
Roberts Cl. CR7: Thor H 5G 7
Roberts Ct. *SE20 . . . . .3B 8*
(off Maple Rd.)
Robert St. CR0: Croy . . .4C 28 (5F 13)
Robina Cl. *SE20 . . . . .3K 7*
(off Sycamore Gro.)
Robin Ct. SM6: Wall 7K 11
Robinhood Cl. CR4: Mitc 5K 5
Robin Hood La. SM1: Sutt 7B 10
Robinhood La. CR4: Mitc 5K 5
Robins Ct. BR3: Beck 4J 9
CR2: S Croy 6H 13
(off Birdhurst Rd.)
Robinson Rd. SW17 . . . . .1F 5
Roche Rd. SW16 . . . . .3C 6
Rochester Cl. SW16 . . . . .2B 6
Rochester Gdns. CR0: Croy 5H 13
Rochester Rd. SM5: Cars 6G 11
Roche Wlk. SM5: Cars 1E 10
Rochford Way CR0: Croy 1B 12
Rock Cl. CR4: Mitc 4E 4
Rockhampton Rd.
CR2: S Croy 1H 19
Rockmount Rd. SE19 . . . . .1G 7
Roden Gdns. CR0: Croy 1H 13
Rodney Cl.
CR0: Croy 1A 28 (3E 12)
Rodney Pl. SW19 . . . . .3D 4
Rodney Rd. CR4: Mitc 5F 5
Roe Way SM6: Wall 1B 18
Roffey Cl. CR8: Purl 3E 24
Rogers Cl. CR5: Coul 5E 24
Rogers La. CR6: Warl 5E 26
Roke Cl. CR8: Kenl 1F 25
Rokell Ho. *BR3: Beck 1G 9*
(off Beckenham Hill Rd.)
Roke Lodge Rd. CR8: Purl 7E 18
Roke Rd. CR8: Kenl 2F 25
Rolleston Rd. CR2: S Croy 2G 19
Rolls Royce Cl. SM6: Wall 2B 18

46 A-Z Croydon

Romanhurst Av. BR2: Brom 6K 9
Romanhurst Gdns. BR2: Brom 6K 9
Roman Ind. Est. CR0: Croy 2H 13
Roman Ri. SE19 ....1G 7
Roman Way
CR0: Croy 2A 28 (4E 12)
SM5: Cars 3G 17
Romany Gdns. SM3: Sutt 2B 10
Ronald Cl. BR3: Beck 6E 8
Rookley Cl. SM2: Sutt 3C 16
Rookstone Rd. SW17 ....1G 5
Rookwood Av. SM6: Bedd 6A 12
Roper Way CR4: Mitc 4H 5
Rosamund Cl.
CR2: S Croy 7E 28 (6G 13)
Rose Av. CR4: Mitc 3G 5
SM4: Mord 7D 4
Rosebank SE20 ....2A 8
Roseberry Av. CR7: Thor H 4F 7
Rosebery Gdns. SM1: Sutt 6C 10
Rosebery Rd. SM1: Sutt 1A 16
Rosebriars CR3: Cat'm 7H 25
Rosecourt Rd. CR0: Croy 1C 12
Rosedale Pl. CR0: Croy 2C 14
Rosedene Av. CR0: Croy 2B 12
SM4: Mord 7B 4
Rosefield Cl. SM5: Cars 7F 11
ROSEHILL 2D 10
Rose Hill SM1: Sutt 4C 10
Rosehill Av. SM5: Sutt 3D 10
Rosehill Ct. *SM4: Mord 2D 10*
(off St Helier Av.)
Rosehill Ct. Pde. *SM4: Mord 2D 10*
(off St Helier Av.)
Rosehill Farm Mdw.
SM7: Bans 2C 22
Rosehill Gdns. SM1: Sutt 4C 10
Rose Hill Pk. W. SM1: Sutt 3D 10
ROSE HILL RDBT. 2D 10
Rosemary Cl. CR0: Croy 1B 12
Rosemead Av. CR4: Mitc 5K 5
Rosemount *SM6: Wall 1K 17*
(off Clarendon Rd.)
Rosery, The CR0: Croy 1C 14
Rose Wlk. BR4: W W'ck 4H 15
CR8: Purl 5A 18
Rosewell Cl. SE20 ....2A 8
Rosewood SM2: Sutt 4D 16
Rosewood Gro. SM1: Sutt 4D 10
Roshni Ho. SW17 ....1F 5
Roslyn Cl. CR4: Mitc 4E 4
Rossdale SM1: Sutt 7F 11
Rossetti Gdns. CR5: Coul 5C 24
Rossignol Gdns. SM5: Cars 4H 11
Rosslyn Cl. BR4: W W'ck 5K 15
Ross Pde. SM6: Wall 1J 17
Ross Rd. SE25 ....5G 7
SM6: Wall 7K 11
Rosswood Gdns. SM6: Wall 1K 17
Rostrevor Rd. SW19 ....1B 4
Rotherfield Rd. SM5: Cars 6H 11
Rotherhill Av. SW16 ....1A 6
Rothesay Rd. SE25 ....6G 7
Rougemont Av. SM4: Mord 1B 10
Round Gro. CR0: Croy 2C 14
ROUNDSHAW 2B 18
Roundshaw Cen. *SM6: Wall 2B 18*
(off Mollison Dr.)
Rowan Cl. SW16 ....3K 5
Rowan Cres. SW16 ....3K 5
Rowan Gdns. CR0: Croy 5J 13
Rowan Ho. BR2: Brom 4K 9
Rowan Rd. SW16 ....4K 5
Rowden Rd. BR3: Beck 3D 8
Rowdown Cres. CR0: New Ad 3J 21
Rowland Way SW19 ....3C 4
Roxton Gdns. CR0: Addtn 7F 15
ROYAL MARSDEN HOSPITAL (SUTTON), THE 4D 16
Royal Wlk. SM6: Wall 4J 11
Royston Av. SM1: Sutt 5E 10
SM6: Bedd 6A 12
Royston Rd. SE20 ....3C 8
Rozel Ter. CR0: Croy 4B 28
Ruffetts, The CR2: Sels 2A 20
Ruffetts Cl. CR2: Sels 2A 20
Runes Cl. CR4: Mitc 6E 4
Runnymede SW19 ....3D 4
Runnymede Ct. SM6: Wall 1J 17
Runnymede Cres. SW16 ....3A 6
Rural Way SW16 ....2J 5
Rush, The *SW19 ....3A 4*
(off Kingston Rd.)
Rushden Cl. SE19 ....2G 7
Rushen Wlk. SM5: Cars 3E 10
Rushmead Cl. CR0: Croy 6J 13
Rushmon Pl. SM3: Cheam 1A 16
Rushy Mdw. La. SM5: Cars 4F 11
Ruskin Ho. CR2: S Croy 7D 28
Ruskin Pde. CR2: S Croy 7D 28
Ruskin Rd.
CR0: Croy 2A 28 (4E 12)
SM5: Cars 7G 11
Ruskin Way SW19 ....3E 4
Russell Cl. BR3: Beck 5G 9
Russell Ct. CR8: Purl 4D 18
SM6: Wall 7K 11
(off Ross Rd.)
SW16 ....1C 6
Russell Grn. Cl. CR8: Purl 4D 18
Russell Hill CR8: Purl 4D 18
Russell Hill Pl. CR8: Purl 5D 18
Russell Hill Rd. CR8: Purl 5D 18
Russell Pl. SM2: Sutt 2C 16
Russell Rd. CR4: Mitc 5F 5
SW19 ....2B 4
Russell Way SM1: Sutt 7C 10
Russet Dr. CR0: Croy 3D 14
Rusthall Cl. CR0: Croy 1B 14
Rustic Av. SW16 ....2J 5
Rustington Wlk. SM4: Mord 2A 10
Rutherford Cl. SM2: Sutt 1E 16
Rutherwick Ri. CR5: Coul 4B 24
Rutland Cl. SW19 ....2F 5
Rutland Dr. SM4: Mord 1A 10
Rutland Gdns. CR0: Croy 6H 13
Rutland Rd. SW19 ....2F 5
Rutlish Rd. SW19 ....3B 4
Rutter Gdns. CR4: Mitc 6D 4
Ruxton Cl. CR5: Coul 2K 23
Ryan Ct. SW16 ....2B 6
Rydal Cl. CR8: Purl 7G 19
Rydal Dr. BR4: W W'ck 4K 15
Rydal Mt. BR2: Brom 6K 9
Rydon's La. CR5: Coul 7F 25
Rydon's Wood Cl. CR5: Coul 7F 25
Ryecroft Rd. SW16 ....1D 6
Ryefield Rd. SE19 ....1F 7
Rylandes Rd. CR2: Sels 3A 20
Rymer Rd. CR0: Croy 2H 13

S

Sackville Rd. SM2: Sutt 2B 16
Sadler Cl. CR4: Mitc 4G 5
Saffron Cl. CR0: Croy 1B 12
Sainsbury Rd. SE19 ....1H 7
St Agatha's Gro. SM5: Cars 3G 11
St Alban's Gro. SM5: Cars 2F 11
St Alban's Rd. SM1: Sutt 6A 10
St Andrews Ct. SM1: Sutt 5F 11
St Andrew's Rd.
CR0: Croy 6B 28 (6F 13)
CR5: Coul 3H 23
SM5: Cars 5F 11
St Anne's Ct. BR4: W W'ck 6K 15
St Ann's Way CR2: S Croy 1E 18
St Arvan's Cl. CR0: Croy 5H 13
St Aubyn's Rd. SE19 ....1J 7
St Augustine's Av.
CR2: S Croy 1F 19
St Barnabas Cl. BR3: Beck 4H 9
St Barnabas Rd. CR4: Mitc 2H 5
SM1: Sutt 7E 10
St Benet's Gro. SM5: Cars 2D 10
St Bernards CR0: Croy 5H 13
St Cecilia's Cl. SM3: Sutt 3A 10
St Christopher's Gdns.
CR7: Thor H 5D 6
ST CHRISTOPHER'S HOSPICE 1B 8
St Christopher's M.
SM6: Wall 7K 11
St Clair's Rd. CR0: Croy 4H 13
St Daniel Ct. *BR3: Beck 2F 9*
(off Brackley Rd.)
St David's CR5: Coul 4C 24
St David's Cl. BR4: W W'ck 2G 15
St Denys Cl. CR8: Purl 4E 18
ST DUNSTAN'S 1A 16
St Dunstan's Hill SM1: Sutt 7A 10
St Dunstan's La. BR3: Beck 1H 15
St Dunstan's Rd. SE25 ....6J 7
St Edward's Cl. CR0: New Ad 5J 21
ST GEORGE'S HOSPITAL 1E 4
St George's Rd. BR3: Beck 3G 9
CR4: Mitc 5J 5
SM6: Wall 7J 11
SW19 ....2A 4
(not continuous)
St George's Wlk.
CR0: Croy 3C 28 (5F 13)
St Helen's Cres. SW16 ....3C 6
St Helen's Rd. SW16 ....3C 6
ST HELIER 2F 11
St Helier Av. SM4: Mord 2D 10
ST HELIER HOSPITAL 3D 10
St Helier Station (Rail) 1B 10
St Hugh's Rd. SE20 ....3A 8
St James Av. SM1: Sutt 7B 10
St James Rd. CR4: Mitc 2H 5
CR8: Purl 7E 18
SM1: Sutt 7B 10
SM5: Cars 5F 11
St James's Av. BR3: Beck 5D 8
St James's Pk. CR0: Croy 2F 13
St James's Rd. CR0: Croy 2E 12
St John's Cotts. SE20 ....2B 8
St John's Hill CR5: Coul 4D 24
St John's Rd.
CR0: Croy 4A 28 (5E 12)
SE20 ....1B 8
SM1: Sutt 4C 10
SM5: Cars 5F 11
St Joseph's College Sports Cen. 1E 6
St Leonard's Rd. CR0: Wadd 5E 12
St Leonard's Wlk. SW16 ....2C 6
St Luke's Cl. SE25 ....1A 14
St Luke's Rd. CR3: Whyt 5J 25
St Mark's Pl. SW19 ....1A 4
St Marks Rd. CR4: Mitc 4G 5
SE25 ....6K 7
St Martin's La. BR3: Beck 7G 9
St Mary Av. SM6: Wall 5H 11
St Mary's Av. BR2: Brom 5K 9
St Mary's Ct. SM6: Wall 6K 11
St Mary's Rd. CR2: Sand 4G 19
SE25 ....5H 7
St Merryn Ct. BR3: Beck 2F 9
St Michael's Rd.
CR0: Croy 1C 28 (3F 13)
SM6: Wall 1K 17
St Monicas Rd. KT20: Kgswd 7A 22
St Nicholas Cen. SM1: Sutt 7C 10
St Nicholas Glebe SW17 ....1H 5
St Nicholas Rd. SM1: Sutt 7C 10
St Nicholas Way SM1: Sutt 6C 10
St Olaves Wlk. SW16 ....4K 5
St Oswald's Rd. SW16 ....3E 6
St Paul's Cl. SM5: Cars 3F 11
St Paul's Rd. CR7: Thor H 5F 7
St Peter Claver Ct. *BR3: Beck 3G 9*
(off Albemarle Rd.)
St Peter's Rd.
CR0: Croy 6D 28 (6G 13)
St Peter's St. CR2: S Croy 7G 13
St Saviour's Ct. *CR8: Purl 7C 18*
(off Lodge La.)
St Saviour's Rd. CR0: Croy 1E 12
Saints M. CR4: Mitc 5F 5
St Stephen's Cres.
CR7: Thor H 5D 6
St Winifreds CR8: Kenl 2F 25
Salcot Cres. CR0: New Ad 4H 21
Salcott Rd. CR0: Bedd 5B 12
Salem Pl. CR0: Croy 5B 28 (5F 13)
Salisbury Av. SM1: Sutt 1A 16
Salisbury Ct. SM5: Cars 7G 11
Salisbury Gdns. SW19 ....2A 4
Salisbury Ho. SM6: Wall 7J 11
Salisbury Rd. SE25 ....1K 13
SM5: Cars 1G 17
SM7: Bans 1C 22
SW19 ....2A 4
Salmons La. CR3: Whyt 7H 25
CR3: Whyt, Cat'm 7H 25
Salmons La. W. CR3: Cat'm 7H 25
Saltash Cl. SM1: Sutt 6A 10
Salterford Rd. SW17 ....1H 5
Salter's Hill SE19 ....1G 7
Samos Rd. SE20 ....4A 8
Sanctuary, The SM4: Mord 1B 10
Sandbourne Av. SW19 ....4C 4
Sandersfield Gdns.
SM7: Bans 2B 22
Sandersfield Rd. SM7: Bans 2C 22
SANDERSTEAD 6K 19
Sanderstead Ct. Av.
CR2: Sand 7K 19
Sanderstead Hill CR2: Sand 5H 19
Sanderstead Rd.
CR2: Sand, S Croy 2G 19
Sanderstead Station (Rail) 3G 19
Sandfield Gdns. CR7: Thor H 5E 6
Sandfield Pas. CR7: Thor H 5F 7
Sandfield Pl. CR7: Thor H 5F 7
Sandfield Rd. CR7: Thor H 5E 6
Sandhills SM6: Bedd 6A 12
Sandhurst Cl. CR2: Sand 3H 19
Sandhurst Way CR2: Sand 2H 19
Sandiford Rd. SM3: Sutt 4A 10
Sandilands CR0: Croy 4K 13
Sandilands Stop (CT) 4J 13
Sandmartin Way SM6: Mitc 3H 11
Sandown Ct. SM2: Sutt 2C 16
Sandown Dr. SM5: Cars 3H 17
Sandown Rd. CR5: Coul 3H 23
SE25 ....7A 8
Sandpiper Rd. CR2: Sels 5C 20
SM1: Sutt 7A 10
Sandpit Rd. BR1: Brom 1K 9
Sandpits Rd. CR0: Croy 6C 14
Sandra Ct. CR4: Mitc 1G 5
Sandringham Av. SW20 ....4A 4
Sandringham Ct. SM2: Sutt 3B 16
Sandringham Rd. CR7: Thor H 7F 7
Sandrock Pl. CR0: Croy 6C 14
Sandy Hill Rd. SM6: Wall 3K 17
Sandy La. CR4: Mitc 3H 5
(not continuous)
SM2: Cheam 2A 16
SM6: Wall 1A 18
Sandy La. Nth. SM6: Wall 1A 18
Sandy La. Sth. SM6: Wall 3K 17
Sandy Way CR0: Croy 5E 14
Sangley Rd. SE25 ....6H 7
Saracen Cl. CR0: Croy 1G 13
Sarjeant Ct. *BR4: W W'ck 4J 15*
(off Bencurtis Pk.)
Savile Gdns. CR0: Croy 4J 13
Savin Lodge *SM2: Sutt 2D 16*
(off Walnut M.)
Sawtry Cl. SM5: Cars 2F 11
Saxonbury Cl. CR4: Mitc 5E 4
Saxon Bus. Cen. SW19 ....4D 4
Saxon Lodge CR0: Croy 1C 28
Saxon Rd. SE25 ....7G 7
Scarborough Cl. SM2: Cheam 5A 16
Scarbrook Rd.
CR0: Croy 5B 28 (5F 13)
Scawen Cl. SM5: Cars 6H 11
Scotsdale Cl. SM3: Cheam 2A 16
Scotshall La. CR6: Warl 2H 27
Scott Cl. SW16 ....3C 6
Scotts Av. BR2: Brom 4J 9
Scott's La. BR2: Brom 5J 9
Seabrook Dr. BR4: W W'ck 4K 15
Searchwood Rd. CR6: Warl 5A 26
Seaton Rd. CR4: Mitc 4F 5
Secombe Theatre 7C 10
Seddon Rd. SM4: Mord 7E 4
Seely Rd. SW17 ....1H 5
Sefton Rd. CR0: Croy 3K 13
Selborne Rd. CR0: Croy 5H 13
Selby Grn. SM5: Cars 2F 11
Selby Rd. SE20 ....4K 7
SM5: Cars 2F 11
Selcroft Rd. CR8: Purl 6E 18
SELHURST 1H 13
Selhurst New Rd. SE25 ....1H 13
Selhurst Pk. 6H 7
Selhurst Pl. SE25 ....1H 13
Selhurst Rd. SE25 ....1H 13
Selhurst Station (Rail) 7H 7
Sellincourt Rd. SW17 ....1F 5
Sellindge Cl. BR3: Beck 2E 8
SELSDON 4B 20
Selsdon Av. CR2: S Croy 1G 19
Selsdon Cres. CR2: Sels 3B 20
Selsdon Pk. Rd. CR0: Sels 3C 20
CR2: Sels 3C 20
Selsdon Rd.
CR2: S Croy 7D 28 (7G 13)

Selsdon Wood Nature Reserve—Station Rd.

Selsdon Wood Nature Reserve 5D 20	Shortlands Gdns. BR2: Brom 4K 9	Southend Rd. BR3: Beck 3F 9	Springhurst Cl. CR0: Croy 6E 14
Selwood Rd. CR0: Croy 4A 14	Shortlands Gro. BR2: Brom 5J 9	Southern Av. SE25 ....5J 7	Spring La. SE25 ....1A 14
SM3: Sutt 3A 10	Shortlands Rd. BR2: Brom 5J 9	Southey Rd. SW19 ....2B 4	**SPRING PARK** **5F 15**
Semley Rd. SW16 ....4B 6	**Shortlands Station (Rail)** **4K 9**	Southey St. SE20 ....2C 8	Spring Pk. Av. CR0: Croy 4C 14
Seneca Rd. CR7: Thor H 6F 7	Shorts Rd. SM5: Cars 6F 11	Southfields Cl. SM1: Sutt 4B 10	Springpark Dr. BR3: Beck 5H 9
Sener Ct. CR2: S Croy 1F 19	Shotfield SM6: Wall 1J 17	South Gdns. SW19 ....2E 4	Spring Pk. Rd. CR0: Croy 4C 14
Senga Rd. SM6: Wall 3H 11	Shott Cl. SM1: Sutt 7D 10	Sth. Hill Rd. BR2: Brom 5K 9	Springwood Ct. CR2: S Croy 6H 13
Servite Ho. BR3: Beck 3E 8	Shrewsbury Rd. BR3: Beck 5D 8	Southholme Cl. SE19 ....3H 7	(off Birdhurst Rd.)
Seven Acres SM5: Cars 4F 11	SM5: Cars 1F 11	Southill Ct. BR2: Brom 7K 9	Sprucedale Gdns. CR0: Croy 6C 14
Sevenoaks Cl. SM2: Sutt 4B 16	Shrewton Rd. SW17 ....2G 5	Southlands Cl. CR5: Coul 4C 24	SM6: Wall 3B 18
Seward Rd. BR3: Beck 4C 8	Shropshire Cl. CR4: Mitc 6B 6	Sth. Lodge Av. CR4: Mitc 6B 6	Spurgeon Av. SE19 ....3G 7
Seymour Ho. SM2: Sutt 1C 16	Shrubland Rd. SM7: Bans 3A 22	Sth. London Crematorium	Spurgeon Rd. SE19 ....3G 7
(off Mulgrave Rd.)	Shrublands Av. CR0: Croy 5F 15	CR4: Mitc 4K 5	Square, The SM5: Cars 7H 11
Seymour Pl. SE25 ....6A 8	Sibley Ct. BR2: Brom 4J 9	**South Merton Station (Rail)** **5A 4**	Squirrels Drey BR2: Brom 4K 9
Seymour Rd. CR4: Mitc 2H 11	Sibthorp Rd. CR4: Mitc 4G 5	**SOUTH NORWOOD** **6J 7**	(off Park Hill Rd.)
SM5: Cars 7H 11	Siddons Rd. CR0: Wadd 5D 12	**South Norwood Country Pk.** **6B 8**	Stable Ct. SM6: Wall 5H 11
Seymour Ter. SE20 ....3A 8	Sidney Rd. BR3: Beck 4D 8	**South Norwood Country Pk.**	Stables M. SE27 ....1F 7
Seymour Vs. SE20 ....3A 8	SE25 ....7K 7	**Vis. Cen.** **6A 8**	Staddon Cl. BR3: Beck 6D 8
Shaftesbury Rd. BR3: Beck 4E 8	Silbury Av. CR4: Mitc 3F 5	Sth. Norwood Hill SE25 ....3H 7	Stafford Cl. SM3: Cheam 1A 16
SE19 ....2E 10	Silchester Ct. CR7: Thor H 6D 6	**South Norwood Pools &**	Stafford Cross CR0: Wadd 7C 12
SM5: Cars 2E 10	Silverdale Cl. SM1: Sutt 6A 10	**Fitness Cen.** **7A 8**	Stafford Gdns. CR0: Wadd 7C 12
Shaldon Dr. SM4: Mord 7A 4	Silver La. BR4: W W'ck 4J 15	South Pde. SM6: Wall 1K 17	Stafford Rd. CR0: Wadd 6D 12
Shamrock Rd. CR0: Croy 1C 12	Silverleigh Rd. CR7: Thor H 6C 6	South Pk. Ct. BR3: Beck 2F 9	CR3: Cat'm 7K 25
Shannon Ct. CR0: Croy 1C 28	Silvermere Ct. CR8: Purl 6D 18	South Pk. Hill Rd.	SM6: Wall 1K 17
Shannon Way BR3: Beck 1G 9	Silverwood Cl. BR3: Beck 2F 9	CR2: S Croy 7E 28 (7G 13)	Stagbury Av. CR5: Chip 5F 23
Shap Cres. SM5: Cars 3G 11	CR0: Sels 3E 20	South Pk. Rd. SW19 ....1B 4	Stagbury Cl. CR5: Chip 6F 23
Sharland Cl. CR7: Thor H 1D 12	Simms Cl. SM5: Cars 4F 11	South Ri. SM5: Cars 3F 17	Stagbury Ho. CR5: Chip 6F 23
Sharon Ct. CR2: S Croy 7C 28	Simone Dr. CR8: Kenl 3F 25	South Rd. SW19 ....1D 4	Stag Leys Cl. SM7: Bans 2F 3
Shaw Cl. CR2: Sand 6J 19	Sinclair Ct. CR0: Croy 4H 13	Southvale SE19 ....1H 7	Stainbank Rd. CR4: Mitc 5J 5
Shaw Ct. CR3: Cat'm 7G 25	Sinclair Dr. SM2: Sutt 3C 16	Southview Cl. SW17 ....1H 5	Stambourne Way
Shaw Cres. CR2: Sand 6J 19	Singleton Cl. CR0: Croy 2F 11	South Vw. Ct. SE19 ....2F 7	BR4: W W'ck 4H 15
Shaw Way SM6: Wall 2B 18	CR4: Mitc 2G 5	Southview Gdns. SM6: Wall 2K 17	SE19 ....2H 7
Shaxton Cres. CR0: New Ad 3H 21	SW17 ....2G 5	Southviews Rd. CR6: Warl 6K 25	Stambourne Woodland Wlk.
Shearing Dr. SM5: Cars 2D 10	**Sir Cyril Black Way**	(not continuous)	SE19 ....2H 7
Shearwater Rd. SM1: Sutt 7A 10	SW19 ....2B 4	Southviews CR2: Sels 4C 20	Stanacre Ct. KT20: Kgswd 7A 22
Sheen Way SM6: Wall 7C 12	Sirdar Rd. CR4: Mitc 1H 5	South Wlk. BR4: W W'ck 5K 15	Stane Cl. SW19 ....2C 4
Shelbourne Pl. BR3: Beck 2E 8	Sissinghurst Rd. CR0: Croy 2K 13	Southwater Cl. BR3: Beck 2G 9	Stanford Rd. SW16 ....4A 6
Sheldon Cl. SE20 ....3A 8	Skid Hill La. CR6: Warl 6K 21	South Way CR0: Croy 5D 14	Stanford Way SW16 ....4A 6
Sheldon St.	Skyline Ct. CR0: Croy 5D 28	SM5: Cars 4E 16	Stanger Rd. SE25 ....6K 7
CR0: Croy 5B 28 (5F 13)	**Skyview Apartments**	Southway SM6: Wall 6K 11	Stanhope Gro. BR3: Beck 7E 8
Sheldrick Cl. SW19 ....4E 4	CR0: Croy 3C 28	Southwell Rd. CR0: Croy 1D 12	Stanhope Rd. CR0: Croy 5H 13
Shelford Ri. SE19 ....2J 7	Slines Oak Rd. CR3: Wold 6F 27	**SOUTH WIMBLEDON** **1C 4**	SM5: Cars 2H 17
Shelley Cl. CR5: Coul 4C 24	SE6: Warl 6F 27	**South Wimbledon Station (Tube)**	Stanley Av. BR3: Beck 4H 9
Shelley Way SW19 ....1E 4	**SLOANE BMI HOSPITAL, THE** **3J 9**	....**2C 4**	Stanley Cl. CR5: Coul 4C 24
Shelton Av. CR6: Warl 4B 26	Sloane Wlk. CR0: Croy 1E 14	Sovereign Av. CR5: Coul 2K 23	Stanley Cl. SM2: Sutt 2C 16
Shelton Cl. CR6: Warl 4B 26	Smitham Bottom La.	Sovereign Cl. CR8: Purl 4C 18	SM5: Cars 2H 17
Shelton Rd. SW19 ....3B 4	CR8: Purl 5K 17	Sovereign Ct. CR2: S Croy 7C 28	Stanley Gdns. CR2: Sand 6K 19
Shenfield Cl. CR5: Coul 6K 23	Smitham Downs Rd.	**Spa at Beckenham, The** **3E 8**	CR4: Mitc 1H 5
Shepherds Way CR2: Sels 2C 20	CR8: Purl 7A 18	Spa Cl. SE25 ....3H 7	SM6: Wall 1K 17
Shepley Cl. SM5: Cars 5H 11	**Smitham Station (Rail)** **2B 24**	Spa Hill SE19 ....3G 7	Stanley Gro. CR0: Croy 1D 12
Sherborne Cres. SM5: Cars 2F 11	Smiths Yd. CR0: Croy 4C 28	Spalding Rd. SW17 ....1J 5	Stanley Pk. Rd. SM5: Cars 2D 17
Sherborne Rd. SM3: Sutt 4B 10	Smock Wlk. CR0: Croy 1F 13	Spartan Cl. SM6: Wall 2B 18	SM6: Wall 1J 17
Sherbourne Ct. SM2: Sutt 1D 16	Snowdown Cl. SE20 ....3B 8	Speakers Ct. CR0: Croy 3G 13	Stanley Rd. CR0: Croy 2D 12
Sheridan Ct. CR0: Croy 6H 13	Soloms Ct. Rd. SM7: Bans 4E 22	Speke Rd. CR7: Thor H 4G 7	CR4: Mitc 1H 5
(off Coombe Rd.)	Somerfield Cl. KT20: Tad 6A 22	Spencer Hill Rd. SW19 ....2A 4	SM2: Sutt 1C 16
Sheridan Rd. SW19 ....3A 4	Somerset Gdns. SW16 ....5C 6	Spencer Pl. CR0: Croy 2G 13	SM4: Mord 6B 4
Sheridan Wlk. SM5: Cars 7G 11	Somerton Cl. CR8: Purl 2D 24	Spencer Rd. BR1: Brom 2K 9	SM5: Cars 2H 17
Sheridan Way BR3: Beck 3E 8	Somerville Rd. SE20 ....2C 8	CR2: S Croy 7H 13	SW19 ....1B 4
Sheringham Rd. SE20 ....5B 8	Songhurst Cl. CR0: Croy 1C 12	CR3: Cat'm 7G 25	Stanley Sq. SM5: Cars 3G 17
Sherwood Av. SW16 ....2A 6	Sonning Rd. SE25 ....1K 13	CR4: Mitc 5H 5	Stanmore Gdns. SM1: Sutt 5D 10
Sherwood Ct. CR2: S Croy 7B 28	Sorrel Bank CR0: Sels 4D 20	(Commonside E.)	Stanmore Ter. BR3: Beck 4F 9
Sherwood Pk. Rd. CR4: Mitc 6K 5	Sorrento Rd. SM1: Sutt 5B 10	CR4: Mitc 5H 5	Stannet Way SM6: Wall 6K 11
SM1: Sutt 7B 10	**Southampton Gdns.**	(Wood St.)	Stanstead Mnr. SM1: Sutt 1B 6
Sherwood Rd. CR0: Croy 2A 14	CR4: Mitc 7B 6	**Spice's Yd.**	Stanton Ct. CR2: S Croy 7H 13
CR5: Coul 3K 23	South Av. SM5: Cars 2H 17	CR0: Croy 6C 28 (6F 13)	(off Birdhurst Ri.)
SW19 ....2A 4	**SOUTH BEDDINGTON** **1A 18**	**Spindlewood Gdns.**	Stanton Rd. CR0: Croy 2F 13
Sherwood Way BR4: W W'ck 4H 15	Sth. Border, The CR8: Purl 5A 18	CR0: Croy 6H 13	Staplehurst Rd. SM5: Cars 2E 17
Shinners Cl. SE25 ....7K 7	Southbridge Pl.	Spinney, The CR8: Purl 5E 18	Stapleton Gdns. CR0: Wadd 7D 12
SHIRLEY **4B 14**	CR0: Croy 6B 28 (6F 13)	Spinney Cl. BR3: Beck 6G 9	Starling Cl. CR0: Croy 1E 14
Shirley Av. CR0: Croy 3B 14	Southbridge Rd.	Spinney Gdns. SE19 ....1J 7	Starrock La. CR5: Chip 7G 23
CR5: Coul 6E 24	CR0: Croy 6B 28 (6F 13)	Spire Ct. BR3: Beck 4G 9	Starrock Rd. CR5: Coul 6J 23
SM1: Sutt 6E 10	Southbrook Rd. SW16 ....3B 6	(off Crescent Rd.)	Station App. BR3: Beck 3F 9
SM2: Cheam 3A 16	South Cl. SM4: Mord 1B 10	Spitfire Bus. Pk. CR0: Wadd 1D 18	BR4: W W'ck 2H 15
Shirley Chu. Rd. CR0: Croy 5C 14	Southcote Rd. CR2: Sand 4H 19	Spitfire Rd. SM6: Wall 2B 18	CR2: Sand 3G 19
Shirley Ct. SW16 ....2B 6	SE25 ....7A 8	Spooner Wlk. SM6: Wall 7B 12	CR3: Whyt 4K 25
Shirley Cres. BR3: Beck 6D 8	Southcroft Av. BR4: W W'ck 4H 15	**Sport Croydon** **6F 7**	CR5: Chip 5G 23
Shirley Hgts. SM6: Wall 3K 17	Southcroft Rd. SW16 ....1H 5	Spout Hill CR0: Addtn 7F 15	CR5: Coul 3A 24
Shirley Hills Rd. CR0: Croy 7B 14	SW17 ....1H 5	Springbourne Ct. BR3: Beck 3H 9	CR8: Purl 5D 18
SHIRLEY OAKS **3C 14**	**SOUTH CROYDON** **7G 13**	(not continuous)	SM2: Cheam 2D 16
SHIRLEY OAKS BMI HOSPITAL	**South Croydon Sports Club** **7H 13**	Springclose La. SM3: Cheam 1A 16	SM2: Sutt 3D 16
....**2B 14**	**South Croydon Station (Rail)**	Springfield Av. SW20 ....5A 4	SM5: Cars 6G 11
Shirley Oaks Rd. CR0: Croy 3C 14	....**7G 13**	Springfield Ct. SM6: Wall 7J 11	SW16 ....1A 6
Shirley Pk. CR0: Croy 4B 14	Southdown Rd. SM5: Cars 3H 17	**Springfield Gdns.**	Station App. Rd. CR5: Coul 2A 24
Shirley Pk. Rd. CR0: Croy 3A 14	South Dr. CR5: Coul 2A 24	BR4: W W'ck 4G 15	Station Est. BR3: Beck 5C 8
Shirley Rd. CR0: Croy 2A 14	SM2: Cheam 3A 16	Springfield Rd. CR7: Thor H 3F 7	Station Garage M. SW16 ....1A 6
SM6: Wall 3K 17	SM7: Bans 7F 17	SE26 ....1A 8	Station Pde. SM2: Sutt 1D 16
Shirley Way CR0: Croy 5D 14	Sth. Eden Pk. Rd. BR3: Beck 1G 15	SM6: Wall 7J 11	(off High St.)
Shirley Windmill **5B 14**	South End CR0: Croy 6C 28 (6F 13)	SW19 ....1A 4	Station Rd. BR2: Brom 4K 9
Shord Hill CR8: Kenl 3G 25		Spring Gdns. SM6: Wall 7K 12	BR4: W W'ck 3H 15
Shoreham Cl. CR0: Croy 1B 14		Spring Gro. CR4: Mitc 3H 5	CR0: Croy 1B 28 (3F 13)
SHORTLANDS **4K 9**		SE19 ....2J 7	CR3: Whyt 5J 25

48 A-Z Croydon

Station Rd.—Tithepit Shaw La.

Station Rd. CR8: Kenl . . . 1F 25
SE20 . . . 1B 8
SE25 . . . 6J 7
SM2: Sutt . . . 4B 16
SM5: Cars . . . 6G 11
SW19 . . . 3D 4
Station Yd. CR8: Purl . . . 6E 18
Stavordale Rd. SM5: Cars . . . 2D 10
Stayton Rd. SM1: Sutt . . . 5B 10
Steep Hill CR0: Croy . . . 6H 13
Steers Mead CR4: Mitc . . . 3G 5
Stella Rd. SW17 . . . 1G 5
Stembridge Rd. SE20 . . . 4A 8
Stephenson Ct.
SM2: Cheam . . . 2A 16
(off Station App.)
Stevens Cl. BR3: Beck . . . 1F 9
Stevens Pl. CR8: Purl . . . 7E 18
Steyning Cl. CR8: Kenl . . . 3E 24
Stirling Av. SM6: Wall . . . 2B 18
Stirling Cl. SM7: Bans . . . 4A 22
SW16 . . . 3A 6
Stirling Way CR0: Bedd . . . 2B 12
Stites Hill Rd. CR5: Coul . . . 7E 24
Stoats Nest Rd. CR5: Coul . . . 1B 24
Stoats Nest Village
CR5: Coul . . . 2B 24
Stockbury Rd. CR0: Croy . . . 1B 14
Stockham's Cl. CR2: Sand . . . 4G 19
Stockport Rd. SW16 . . . 3A 6
Stodart Rd. SE20 . . . 3B 8
Stokes Rd. CR0: Croy . . . 1C 14
Stonecot Cl. SM3: Sutt . . . 3A 10
Stonecot Hill SM3: Sutt . . . 3A 10
Stonecroft Way CR0: Croy . . . 2B 12
Stoneleigh Pk. Av.
CR0: Croy . . . 1C 14
Stoneleigh Rd. SM5: Cars . . . 2F 11
Stone Pk. Av. BR3: Beck . . . 6F 9
Stoneyfield Rd. CR5: Coul . . . 4C 24
Stoney La. SE19 . . . 1J 7
Storrington Rd. CR0: Croy . . . 3J 13
Stowell Av. CR0: New Ad . . . 4J 21
Stratford Rd. CR7: Thor H . . . 6D 6
Strathbrook Rd. SW16 . . . 2C 6
Strathearn Rd. SM1: Sutt . . . 7B 10
Strathmore Rd. CR0: Croy . . . 2G 13
Strathyre Av. SW16 . . . 5D 6
Stratton Av. SM6: Wall . . . 3A 18
Stratton Cl. SW19 . . . 4B 4
Stratton Rd. SW19 . . . 4B 4
Strawberry La. SM5: Cars . . . 5H 11
STREATHAM COMMON . . . 1B 6
Streatham Comn. Nth.
SW16 . . . 1B 6
Streatham Comn. Sth.
SW16 . . . 1B 6
Streatham Common Station (Rail)
. . . 1A 6
Streatham High Rd.
SW16 . . . 1B 6
Streatham Ice Arena . . . 1A 6
Streatham Leisure Cen. . . . 1B 6
Streatham Rd. CR4: Mitc . . . 3H 5
SW16 . . . 3H 5
STREATHAM VALE . . . 2K 5
Streatham Va. SW16 . . . 3K 5
Streeters La. SM6: Bedd . . . 5A 12
Stretton Rd. CR0: Croy . . . 2H 13
Stroud Grn. Gdns. CR0: Croy . . . 2B 14
Stroud Grn. Way CR0: Croy . . . 2A 14
Stroud Rd. SE25 . . . 1K 13
Stuart Ct. CR0: Croy . . . 4A 28
Stuart Cres. CR0: Croy . . . 5E 14
Stuart Pl. CR4: Mitc . . . 3G 5
Stuart Rd. CR6: Warl . . . 7A 26
CR7: Thor H . . . 6F 7
Stubbs Way SW19 . . . 3E 4
Studio Arts & Media Cen., The
. . . 3D 8
Studio Theatre . . . 6H 11
Studland Rd. SE26 . . . 1C 8
Stumps Hill La. BR3: Beck . . . 1F 9
Stumps La. CR3: Whyt . . . 4J 25
Styles Way BR3: Beck . . . 6H 9
Succombs Hill CR3: Warl . . . 7A 26
CR6: Warl . . . 7A 26
Succombs Pl. CR6: Warl . . . 6A 26
Sudbury Gdns. CR0: Croy . . . 6H 13
Suffield Cl. CR2: Sels . . . 6C 20
Suffield Rd. SE20 . . . 4B 8
Suffolk Ho. CR0: Croy . . . 3D 28
SE20 . . . 3C 8
(off Croydon Rd.)
Suffolk Rd. SE25 . . . 6J 7
Sultan St. BR3: Beck . . . 4C 8
Summerene Cl. SW16 . . . 2K 5
Summer Gro. BR4: W W'ck . . . 4K 15
Summerhill Way CR4: Mitc . . . 3H 5
Summerlay Cl. KT20: Tad . . . 7A 22
Summers Cl. SM2: Sutt . . . 2B 16
Summerswood Cl. CR8: Kenl . . . 3G 25
Summerville Gdns.
SM1: Sutt . . . 1A 16
Summit Way SE19 . . . 2H 7
Sumner Gdns. CR0: Croy . . . 3D 12
Sumner Rd. CR0: Croy . . . 3D 12
Sumner Rd. Sth. CR0: Croy . . . 3D 12
Sundale Av. CR2: Sels . . . 4B 20
Sundial Av. SE25 . . . 5J 7
Sundown Av. CR2: Sand . . . 5J 19
Sundridge Pl. CR0: Croy . . . 3K 13
Sundridge Rd. CR0: Croy . . . 2J 13
Sunken Rd. CR0: Croy . . . 7B 14
Sunkist Way SM6: Wall . . . 3B 18
Sunlight Cl. SW19 . . . 1D 4
Sunniholme Ct. *CR2: S Croy . . . 7F 13*
(off Warham Rd.)
Sunningdale Rd. SM1: Sutt . . . 5A 10
Sunny Bank CR6: Warl . . . 4D 26
SE25 . . . 5K 7
Sunnycroft Rd. SE25 . . . 5K 7
Sunnydene Rd. CR8: Purl . . . 7E 18
Sunnyhurst Cl. SM1: Sutt . . . 5B 10
Sunnymead Av. CR4: Mitc . . . 5A 6
Sunnymede Av. SM5: Cars . . . 5E 16
Sunny Nook Gdns.
CR2: S Croy . . . 1G 19
Sunset Gdns. SE25 . . . 4J 7
Sunshine Way CR4: Mitc . . . 4G 5
Surrey Gro. SM1: Sutt . . . 5E 10
Surrey Rd. BR4: W W'ck . . . 3G 15
Surrey St. CR0: Croy . . . 3B 28 (4F 13)
Surridge Gdns. SE19 . . . 1G 7
Sussex Rd. BR4: W W'ck . . . 3G 15
CR2: S Croy . . . 1G 19
CR4: Mitc . . . 7B 6
SM5: Cars . . . 1G 17
Sussex Ter. *SE20 . . . 2B 8*
(off Graveney Gro.)
Sutherland Dr. SW19 . . . 3E 4
Sutherland Rd. CR0: Croy . . . 2D 12
SUTTON . . . 7C 10
Sutton Arena Leisure Cen. . . . 2D 10
Sutton Cl. BR3: Beck . . . 3G 9
Sutton Comn. Rd. SM1: Sutt . . . 2A 10
SM3: Sutt . . . 2A 10
Sutton Common Station (Rail)
. . . 4C 10
Sutton Ct. SE19 . . . 2J 7
SM2: Sutt . . . 1D 16
Sutton Ct. Rd. SM1: Sutt . . . 1D 16
Sutton Ecology Cen. . . . 6G 11
Sutton Gdns. CR0: Croy . . . 7J 7
SUTTON GENERAL HOSPITAL
. . . 4C 16
Sutton Gro. SM1: Sutt . . . 6E 10
Sutton Hgts. SM2: Sutt . . . 2E 16
Sutton Junior Tennis Cen. . . . 3C 10
Sutton La. SM2: Sutt . . . 5C 16
SM7: Bans . . . 5C 16
Sutton Pk. Rd. SM1: Sutt . . . 1C 16
Sutton Station (Rail) . . . 1D 16
Sutton Superbowl . . . 7C 10
Sutton United FC . . . 6B 10
Swain Cl. SW16 . . . 1J 5
Swain Rd. CR7: Thor H . . . 7F 7
Swains Rd. SW17 . . . 2G 5
Swallowdale CR2: Sels . . . 3C 20
SWAN, THE . . . 4H 15
Swan Cl. CR0: Croy . . . 2H 13
Swan M. CR4: Mitc . . . 3G 5
Swift Cen. CR0: Wadd . . . 2C 18
Swift Ct. SM2: Sutt . . . 2C 16
Swiftsden Way BR1: Brom . . . 1K 9
Swinburne Cres. CR0: Croy . . . 1B 14
Sycamore Cl. CR2: S Croy . . . 7H 13
SM5: Cars . . . 6G 11
Sycamore Gdns. CR4: Mitc . . . 4E 4
Sycamore Gro. SE20 . . . 3K 7
Sycamore Ho. BR2: Brom . . . 4K 9
CR6: Warl . . . 2G 27
Sycamore Way CR7: Thor H . . . 7D 6
SYDENHAM . . . 1B 8
Sydenham Av. SE26 . . . 1A 8
Sydenham Ct. CR0: Croy . . . 1D 28
Sydenham Rd.
CR0: Croy . . . 2C 28 (3F 13)
Sydney Av. CR8: Purl . . . 6C 18
Sydney Rd. SM1: Sutt . . . 6B 10
Sylvan Cl. CR2: Sels . . . 4A 20
Sylvan Est. SE19 . . . 3J 7
Sylvan Hill SE19 . . . 3H 7
Sylvan Rd. SE19 . . . 3J 7
Sylvan Way BR4: W W'ck . . . 6K 15
Sylverdale Rd.
CR0: Croy . . . 4A 28 (5E 12)
CR8: Purl . . . 7E 18

T

Tabor Ct. SM3: Cheam . . . 1A 16
Tabor Gdns. SM3: Cheam . . . 1A 16
Tabor Gro. SW19 . . . 2A 4
Taffy's Row CR4: Mitc . . . 5F 5
Tait Rd. CR0: Croy . . . 2H 13
Tait Rd. Ind. Est. *CR0: Croy . . . 2H 13*
(off Tait Rd.)
Talbot Rd. CR7: Thor H . . . 6G 7
SM5: Cars . . . 7H 11
Tall Trees SW16 . . . 5C 6
Tamworth La. CR4: Mitc . . . 4J 5
Tamworth Pk. CR4: Mitc . . . 6J 5
Tamworth Pl.
CR0: Croy . . . 3B 28 (4F 13)
Tamworth Rd.
CR0: Croy . . . 3A 28 (4E 12)
Tamworth Vs. CR4: Mitc . . . 6J 5
Tandem Cen. SW19 . . . 3E 4
Tandem Way SW19 . . . 3E 4
Tandridge Gdns. CR2: Sand . . . 7J 19
Tandridge Rd. CR6: Warl . . . 6C 26
Tanfield Rd.
CR0: Croy . . . 6B 28 (6F 13)
Tangier Way KT20: Tad . . . 5A 22
Tangier Wood KT20: Tad . . . 5A 22
Tanglewood Cl. CR0: Croy . . . 5B 14
Tankerton Ter. CR0: Croy . . . 1C 12
Tankerville Rd. SW16 . . . 2A 6
Tannery Cl. BR3: Beck . . . 7C 8
Tannsfeld Rd. SE26 . . . 1C 8
Tapestry Cl. SM2: Sutt . . . 2C 16
Taplow Ct. CR4: Mitc . . . 6F 5
Tara Ct. BR3: Beck . . . 4G 9
Tarragon Gro. SE26 . . . 1C 8
Tate Rd. SM1: Sutt . . . 7B 10
Tattenham Way KT20: Tad . . . 4A 22
Taunton Cl. SM3: Sutt . . . 3B 10
Taunton La. CR5: Coul . . . 6D 24
Tavern Cl. SM5: Cars . . . 2F 11
Tavistock Ct. *CR0: Croy . . . 3G 13*
(off Tavistock Rd.)
Tavistock Cres. CR4: Mitc . . . 6B 6
Tavistock Ga.
CR0: Croy . . . 1D 28 (3G 13)
Tavistock Gro. CR0: Croy . . . 2G 13
Tavistock Rd.
CR0: Croy . . . 1D 28 (3G 13)
SM5: Cars . . . 3E 10
Tavistock Wlk. SM5: Cars . . . 3E 10
Taylor Ct. *SE20 . . . 4B 8*
(off Elmers End Rd.)
Taylor Rd. CR4: Mitc . . . 2F 5
SM6: Wall . . . 7J 11
Teal Cl. CR2: Sels . . . 5C 20
Teal Ct. SM6: Wall . . . 7K 11
Teal Pl. SM1: Sutt . . . 7A 10
Teasel Cl. CR0: Croy . . . 3C 14
Tedder Rd. CR2: Sels . . . 2B 20
Teesdale Gdns. SE25 . . . 4H 7
Teevan Cl. CR0: Croy . . . 2K 13
Teevan Rd. CR0: Croy . . . 3K 13
Telegraph Track SM5: Cars . . . 5H 17
Telford Cl. SE19 . . . 1J 7
Temple Av. CR0: Croy . . . 4E 14
Templeman Cl. CR8: Purl . . . 3E 24
Temple Rd.
CR0: Croy . . . 6D 28 (6G 13)
Templeton Cl. SE19 . . . 3G 7
Temple Way SM1: Sutt . . . 5E 10
Tennison Cl. CR5: Coul . . . 7E 24
Tennison Rd. SE25 . . . 6J 7
Tennyson Rd. SE20 . . . 2C 8
SW19 . . . 1D 4
Tenterden Gdns. CR0: Croy . . . 2K 13
Tenterden Rd. CR0: Croy . . . 2K 13
Terrace Hill CR0: Croy . . . 5A 28
Tewkesbury Rd. SM5: Cars . . . 3E 10
Teynham Ct. BR3: Beck . . . 5G 9
Thanescroft Gdns. CR0: Croy . . . 5H 13
Thanet Ho. CR0: Croy . . . 6C 28
Thanet Pl. CR0: Croy . . . 6C 28 (6F 13)
Tharp Rd. SM6: Wall . . . 7A 12
Thayers Farm Rd. BR3: Beck . . . 3D 8
Theobald Rd.
CR0: Croy . . . 2A 28 (4E 12)
Therapia La. CR0: Bedd . . . 2A 12
CR0: Croy . . . 1B 12
Therapia Lane Stop (CT) . . . 2B 12
Theresa's Wlk. CR2: Sand . . . 3G 19
Thesiger Rd. SE20 . . . 2C 8
Thicket Cres. SM1: Sutt . . . 6D 10
Thicket Gro. SE20 . . . 2K 7
Thicket Rd. SE20 . . . 2K 7
SM1: Sutt . . . 6D 10
Thirlmere Ri. BR1: Brom . . . 1K 9
Thirsk Rd. CR4: Mitc . . . 2H 5
SE25 . . . 6G 7
Thistlewood Cres.
CR0: New Ad . . . 6J 21
Thomas Ho. SM2: Sutt . . . 2C 16
Thomas Turner Path
CR0: Croy . . . 3C 28
Thomas Wall Cl. SM1: Sutt . . . 7C 10
Thompson Cl. SM3: Sutt . . . 3B 10
Thomson Cres. CR0: Croy . . . 3D 12
Thorburn Way SW19 . . . 3E 4
Thornbury Ct. CR2: S Croy . . . 7E 28
CR3: Whyt . . . 7J 25
Thorncroft Cl. CR5: Coul . . . 6D 24
Thorncroft Rd. SM1: Sutt . . . 7C 10
Thorneloe Gdns. CR0: Wadd . . . 7D 12
Thornes Cl. BR3: Beck . . . 5H 9
Thornfield Rd. SM7: Bans . . . 4B 22
Thornhill Rd. CR0: Croy . . . 2F 13
Thornsett Pl. SE20 . . . 4A 8
Thornsett Rd. SE20 . . . 4A 8
Thornsett Ter. *SE20 . . . 4A 8*
(off Croydon Rd.)
Thornton Av. CR0: Croy . . . 1C 12
Thornton Cres. CR5: Coul . . . 6D 24
Thornton Dene BR3: Beck . . . 4F 9
THORNTON HEATH . . . 6F 7
THORNTON HEATH POND . . . 7D 6
Thornton Heath Station (Rail) . . . 6F 7
Thornton Rd. CR0: Croy . . . 2C 12
CR7: Thor H . . . 2C 12
SM5: Cars . . . 3E 10
Thornton Rd. Ind. Est.
CR0: Croy . . . 1C 12
Thornton Row CR7: Thor H . . . 7D 6
Thornville Gro. CR4: Mitc . . . 4E 4
Thorold Cl. CR2: Sels . . . 4C 20
Thorpe Cl. CR0: New Ad . . . 5H 21
Thrale Rd. SW16 . . . 1K 5
Throwley Rd. SM1: Sutt . . . 7C 10
Throwley Way SM1: Sutt . . . 6C 10
Thrupp Cl. CR4: Mitc . . . 4J 5
Thursley Cres. CR0: New Ad . . . 2H 21
Thurston Ho. BR3: Beck . . . 1G 9
Tidenham Gdns. CR0: Croy . . . 5H 13
Tideswell Rd. CR0: Croy . . . 5F 15
Tiepigs La. BR2: Hayes . . . 4K 15
BR4: W W'ck . . . 4K 15
Tierney Ct. CR0: Croy . . . 4H 13
Tilford Av. CR0: New Ad . . . 3H 21
Tilia Cl. SM1: Sutt . . . 7A 10
Timberling Gdns. CR2: Sand . . . 3G 19
Timbers, The SM3: Cheam . . . 1A 16
Timberslip Dr. SM6: Wall . . . 3A 18
Times Sq. SM1: Sutt . . . 7C 10
Tindale Cl. CR2: Sand . . . 5G 19
Tinefields KT20: Tad . . . 6A 22
Tinsley Cl. SE25 . . . 5A 8
Tintern Cl. SW19 . . . 1D 4
Tintern Rd. SM5: Cars . . . 3E 10
Tipton Dr. CR0: Croy . . . 6H 13
Tirlemont Rd. CR2: S Croy . . . 2F 19
Tirrell Rd. CR0: Croy . . . 1F 13
Tisbury Rd. SW16 . . . 4B 6
Titchfield Rd. SM5: Cars . . . 3E 10
Titchfield Wlk. SM5: Cars . . . 2E 10
Tithepit Shaw La. CR6: Warl . . . 4A 26

A-Z Croydon 49

Tiverton Cl.—Warehouse Theatre

Name	Ref
Tiverton Cl. CR0: Croy	2J 13
Tivoli Rd. SE27	1F 7
Toll Bar Ct. SM2: Sutt	3C 16
Tollers La. CR5: Coul	5C 24
Tollhouse La. SM6: Wall	3K 17
Tonbridge Cl. SM7: Bans	1G 23
Tonfield Rd. SM3: Sutt	3A 10
Tonge Cl. BR3: Beck	7F 9
Tonstall Rd. CR4: Mitc	4H 5
Tony Law Ho. SE20	3A 8
TOOTING	**1F 5**
TOOTING GRAVENEY	**1G 5**
Tooting Gro. SW17	1F 5
Tooting High St. SW17	1F 5
Tooting Station (Rail)	**1G 5**
Tootswood Rd. BR2: Brom	7K 9
Top Pk. BR3: Beck	7K 9
Tormead Rd. SM1: Sutt	1B 16
Torre Wlk. SM5: Cars	3F 11
Torridge Rd. CR7: Thor H	7E 6
Torrington Sq. CR0: Croy	2G 13
Torrington Way SM4: Mord	1B 10
Torr Rd. SE20	2C 8
Torwood La. CR3: Why	7J 25
Totton Rd. CR7: Thor H	5D 6
Tourist Info. Cen.	
Croydon	4C 28 (5F 13)
Tovil Cl. SE20	4A 8
Tower Cl. SE20	2A 8
Tower Pl. CR6: Warl	2F 27
Towers, The CR8: Kenl	2F 25
Tower Vw. CR0: Croy	2D 14
Towpath Way CR0	1J 13
Tracery The SM7: Bans	2C 22
Trafalgar Rd. SW19	2C 4
Trafalgar Way CR0: Wadd	4D 12
Trafford Rd. CR7: Thor H	7C 6
Tramsheds, The CR0: Bedd	2A 12
Tramway Cl. SE20	3B 8
Tramway Path CR4: Mitc	6F 5
(not continuous)	
Tranmere Ct. SM2: Sutt	2D 16
Traq Motor Racing	**1J 11**
Treasury Cl. SM6: Wall	7A 12
Tredown Rd. SE26	1B 8
Treetops CR3: Warl	5K 25
Treeview Cl. SE19	3H 7
Treloar Gdns. SE19	1G 7
Tremaine Rd. SE20	4A 8
Trenchard Ct. SM4: Mord	1B 10
Trenham Dr. CR6: Warl	3B 26
Trenholme Cl. SE20	2A 8
Trenholme Rd. SE20	2A 8
Trenholme Ter. SE20	2A 8
Trent Ct. CR2: S Croy	7B 28
Tresco Cl. BR1: Brom	1K 9
Trevelyan Rd. SW17	1F 5
Trevor Rd. SW19	2A 4
Trewsbury Rd. SE26	1C 8
Trickett Ho. SM2: Sutt	3C 16
Trident Bus. Cen. SW17	1G 5
Trinity Cl. CR2: Sand	3H 19
Trinity Ct. CR0: Croy	2C 28 (4F 13)
SE25	1H 13
Trinity M. SE20	3A 8
Trinity Rd. SW19	1B 4
Tritton Av. CR0: Bedd	6B 12
Trojan Way CR0: Wadd	5C 12
Troy Rd. SE19	1G 7
Trumble Gdns. CR7: Thor H	6E 6
Tudor Cl. CR2: Sand	2A 26
CR5: Coul	5D 24
SM6: Wall	2K 17
SM7: Bans	2A 22
Tudor Dr. SM4: Mord	2A 10
Tudor Gdns. BR4: W W'ck	5H 15
Tudor Pl. CR4: Mitc	2F 5
SE19	2J 7
Tudor Rd. BR3: Beck	5H 9
SE19	2J 7
SE25	7A 8
Tugela Rd. CR0: Croy	1G 13
Tulip Cl. CR0: Croy	3C 14
Tulip Tree Ct. SM2: Sutt	5B 16
Tull St. CR4: Mitc	2G 11
Tulse Cl. BR3: Beck	5H 9
Tumblewood Rd. SM7: Bans	3A 22
Tummons Gdns. SE25	4H 7
Tunstall Rd. CR0: Croy	3H 13
Turkey Oak Cl. SE19	2H 7
Turle Rd. SW16	4B 6

Name	Ref
Turner Av. CR4: Mitc	3G 5
Turner M. SM2: Sutt	2C 16
Turners Mdw. Way BR3: Beck	3E 8
Turner's Way CR0: Wadd	4D 12
Turnpike La. SM1: Sutt	7D 10
Turnpike Link CR0: Croy	4H 13
Turnstone Cl. CR2: Sels	4D 20
Turpin Way SM6: Wall	2J 17
Tweeddale Rd. SM5: Cars	3E 10
Twickenham Cl. CR0: Bedd	5C 12
Twin Bridges Bus. Pk.	
CR2: S Croy	1G 19
Twyford Rd. SM5: Cars	3E 10
Tybenham Rd. SW19	5B 4
Tydcombe Rd. CR6: Warl	6B 26
Tylecroft Rd. SW16	4B 6
Tylers Path SM5: Cars	6G 11
Tynemouth Rd. CR4: Mitc	2H 5
Typhoon Way SM6: Wall	2B 18
Tyrell Ct. SM5: Cars	6G 11
Tyrell Ho. BR3: Beck	1G 9
(off Beckenham Hill Rd.)	
Tyrrell Sq. CR4: Mitc	3F 5

U

Name	Ref
Uckfield Gro. CR4: Mitc	2H 5
Ullswater Bus. Pk. CR5: Coul	3B 24
Ullswater Cl. BR1: Brom	2K 9
Ullswater Cres. CR5: Coul	3A 24
Underwood CR0: New Ad	7H 15
Union Rd. CR0: Croy	2F 13
Unity Cl. CR0: New Ad	3G 21
SE19	1F 7
University Rd. SW19	1E 4
Upchurch Cl. SE20	2A 8
Upfield CR0: Croy	5A 14
Uphill BR2: Brom	6K 9
(off Westmoreland Rd.)	
Upland Rd. CR2: S Croy	7G 13
CR3: Warl, Wold	7F 27
SM2: Sutt	2E 16
Uplands BR3: Beck	4F 9
CR6: Warl	5E 26
Uplands Rd. CR8: Kenl	3F 25
Up. Beulah Hill SE19	3H 7
Upper Dunnymans SM7: Bans	1A 22
UPPER ELMERS END	**7E 8**
Up. Elmers End Rd.	
BR3: Beck	6D 8
Upper Grn. E. CR4: Mitc	5G 5
Upper Grn. W. CR4: Mitc	4G 5
(not continuous)	
Upper Gro. SE25	6H 7
Up. Mulgrave Rd.	
SM2: Cheam	2A 16
UPPER NORWOOD	**3H 7**
Up. Pillory Down SM5: Cars	7J 17
Upper Pines SM7: Bans	4G 23
Upper Rd. SM6: Wall	1A 22
Up. Sawleywood SM7: Bans	1A 22
Up. Selsdon Rd.	
CR2: Sand, Sels	2J 19
UPPER SHIRLEY	**6C 14**
Up. Shirley Rd. CR0: Croy	4B 14
Up. Vernon Rd. SM1: Sutt	7E 10
Upper Warlingham Station (Rail)	
	5K 25
Up. Woodcote Village	
CR8: Purl	6A 18
Upton Ct. SE20	2B 8
(off Blean Gro.)	
Upton Dene SM2: Sutt	2C 16
Upton Rd. CR7: Thor H	4G 7
Upwood Rd. SW16	3B 6
Urquhart Cl. BR3: Beck	2E 8
Uvedale Cl. CR0: New Ad	5J 21
Uvedale Cres. CR0: New Ad	5J 21

V

Name	Ref
Valan Leas BR2: Brom	5K 9
Vale, The CR0: Croy	4C 14
CR5: Coul	1A 24
Vale Border CR0: Sels	5C 20
CR2: Sels	5C 20
Vale Cl. CR5: Coul	1B 24
Valentyne Cl. CR0: New Ad	5K 21
Valerie Ct. CR4: Mitc	2C 5

Name	Ref
Vale Rd. CR4: Mitc	5A 6
SM1: Sutt	6C 10
Valley Gdns. SW19	2E 4
Valley Leisure Pk.	
CR0: Wadd	3B 12
Valley Point Ind. Est.	
CR0: Bedd	2B 12
Valley Rd. BR2: Brom	4K 9
CR8: Kenl	2G 25
SW16	1C 6
Valley Trade Pk. CR0: Bedd	2B 12
(off Therapia La.)	
Valley Vw. Gdns. CR8: Kenl	2H 25
Valley Wlk. CR0: Croy	4B 14
Vanguard Cl.	
CR0: Croy	1A 28 (3E 12)
Vanguard Way SM6: Wall	2B 18
Vant Rd. SW17	1G 5
Varley Way CR4: Mitc	4E 4
Vauxhall Gdns. CR2: S Croy	1F 19
Veals Mead CR4: Mitc	3F 5
Vectis Gdns. SW17	1J 5
Vectis Rd. SW17	1J 5
Vellum Dr. SM5: Cars	5H 11
Venner Rd. SE26	1B 8
(not continuous)	
Ventnor Rd. SM2: Sutt	2C 16
Verdayne Av. CR0: Croy	3C 14
Verdayne Gdns. CR6: Warl	3B 26
Vermont Rd. SE19	1G 7
SM1: Sutt	5C 10
Vernon Rd. SM1: Sutt	7D 10
Veronica Gdns. SW16	3K 5
Versailles Rd. SE20	2K 7
Verulam Av. CR8: Purl	6K 17
Vicarage Ct. BR3: Beck	5D 8
Vicarage Dr. BR3: Beck	3F 9
Vicarage Gdns. CR4: Mitc	5F 5
Vicarage Rd. CR0: Wadd	5D 12
SM1: Sutt	6C 10
Vicars Oak Rd. SE19	1H 7
Viceroy Ct.	
CR0: Croy	1D 28 (3G 13)
Vickers Cl. SM6: Wall	2C 18
Victoria Av. CR2: Sand	4F 19
SM6: Wall	5H 11
Victoria Ct. SE26	1B 8
Victoria Cres. SE19	1H 7
SW19	2A 4
Victoria Ho. CR4: Mitc	2F 5
CR5: Coul	2A 24
SM1: Sutt	7E 10
Victoria Pl. SE19	2H 7
Victoria Rd. SW19	2D 4
SW19	2D 4
Victor Rd. SE20	2C 8
Victory Av. SM4: Mord	7D 4
Victory Pl. SE19	2H 7
Victory Rd. SW19	2D 4
Village Row SM2: Sutt	2B 16
Village Way BR3: Beck	4F 9
CR2: Sand	7K 19
Villiers Rd. BR3: Beck	4C 8
Vincent Av. SM5: Cars	5E 16
Vincent Cl. CR5: Chip	7G 23
Vincent Rd. CR0: Croy	2H 13
CR5: Coul	3K 23
Vine Cl. SM1: Sutt	5D 10
Viney Bank CR0: Sels	3E 20
Violet Cl. SM6: Wall	3H 11
Violet Gdns. CR0: Wadd	7E 12
Violet La.	
CR0: Wadd	7A 28 (1E 18)
Virginia Rd. CR7: Thor H	3E 6
Viscount Point SW19	2C 4
Volta Way CR0: Wadd	3C 12
Voss Cl. SW16	1B 6
Vue Cinema	
Croydon	4C 28
Vulcan Bus. Cen.	
CR0: New Ad	3K 21
Vulcan Way CR0: New Ad	4K 21
SM6: Wall	3B 18

W

Name	Ref
Waddington Av. CR5: Coul	7D 24
Waddington Cl. CR5: Coul	6E 24
Waddington Way SE19	2F 7
WADDON	**5D 12**
Waddon Cl. CR0: Wadd	5D 12
Waddon Ct. Rd. CR0: Wadd	5D 12

Name	Ref
Waddon Marsh Stop (CT)	**4D 12**
Waddon Marsh Way	
CR0: Wadd	3C 12
Waddon New Rd.	
CR0: Croy	4A 28 (5E 12)
Waddon Pk. Av. CR0: Wadd	6D 12
Waddon Rd.	
CR0: Croy, Wadd	
	4A 28 (5D 12)
Waddon Station (Rail)	**6D 12**
Waddon Way CR0: Wadd	1D 18
Wadhurst Cl. SE20	4A 8
Wagtail Gdns. CR2: Sels	4D 20
Wagtail Wlk. BR3: Beck	7H 9
Wakefield Ct. SE26	1B 8
Wakefield Gdns. SE19	2H 7
Walburton Rd. CR8: Purl	7K 17
Waldegrave Rd. SE19	2J 7
Waldegrove CR0: Croy	5J 13
Walden Gdns. CR7: Thor H	5C 6
Waldo Pl. CR4: Mitc	2F 5
Waldorf Cl. CR2: S Croy	3E 18
Waldron Gdns. BR2: Brom	5J 9
Waldronhyrst	
CR2: S Croy	7A 28 (6E 12)
Waldrons, The	
CR0: Croy	7A 28 (6E 12)
Waldron's Path	
CR2: S Croy	7B 28 (6F 13)
Wales Av. SM5: Cars	7F 11
Waleton Acres SM6: Wall	1K 17
Wallace Cres. SM5: Cars	7G 11
Walled Gdn. Cl. BR3: Beck	6C 8
WALLINGTON	**1J 17**
Wallington Cnr. SM6: Wall	6J 11
(off Manor Rd. Nth.)	
Wallington Ct. SM6: Wall	1J 17
(off Stanley Pk. Rd.)	
WALLINGTON GREEN	**6J 11**
Wallington Sq. SM6: Wall	1J 17
Wallington Station (Rail)	**1J 17**
Walnut Cl. SM5: Cars	7G 11
Walnut M. SM2: Sutt	2D 16
Walnut Tree Av. CR4: Mitc	5F 5
(off Dearn Gdns.)	
Walpole Av. CR5: Chip	6G 23
Walpole M. SW19	1E 4
Walpole Rd.	
CR0: Croy	2D 28 (4G 13)
SW19	1E 4
Walsh Cres. CR0: New Ad	6K 21
Walsingham Rd.	
CR0: New Ad	4H 21
CR4: Mitc	7G 5
Walters Rd. SE25	6H 7
Waltham Rd. SM5: Cars	2E 10
Walton Av. SM3: Cheam	5A 10
Walton Ct. CR2: S Croy	7F 13
(off Warham Rd.)	
Walton Grn. CR0: New Ad	3G 21
Walton Way CR4: Mitc	6K 5
Wandle Bank CR0: Bedd	5B 12
SW19	2E 4
Wandle Ct. CR0: Bedd	5B 12
Wandle Ct. Gdns. CR0: Bedd	5B 12
Wandle Industrial Mus.	
(within The Vestry Hall Annex)	
	5G 5
Wandle Meadow Nature Pk.	**1D 4**
Wandle Park Stop (CT)	**4D 12**
Wandle Pk. Trad. Est., The	
CR0: Croy	3E 12
Wandle Rd. CR0: Bedd	5B 12
CR0: Croy	5C 28 (5F 13)
SM4: Mord	6D 4
SM6: Wall	5J 11
Wandle Side CR0: Wadd	5C 12
SM6: Wall	5J 11
Wandle Technology Pk.	
CR4: Mitc	2G 11
Wandle Trad. Est. CR4: Mitc	2G 11
Wandle Way CR4: Mitc	7G 5
Wapses Lodge CR3: Wold	7A 26
WAPSES LODGE RDBT.	**7A 26**
Warbank Cres. CR0: New Ad	4K 21
Ward Cl. CR2: S Croy	5E 18
Ward La. CR6: Warl	3B 26
Ward Rd. SW19	3D 4
Ware Ct. SM1: Sutt	6A 10
Warehouse Theatre	**2E 28 (4G 13)**

50 A-Z Croydon

Warham Rd.—Winchcombe Rd.

Warham Rd.
CR2: S Croy 7C **28** (7E **12**)
WARLINGHAM 5C **26**
Warlingham Rd. CR7: Thor H 6E **6**
Warminster Gdns. SE25 . . . . .4K **7**
Warminster Rd. SE25 . . . . .4J **7**
Warminster Sq. SE25 . . . . .4K **7**
Warminster Way CR4: Mitc 3J **5**
Warner Ho. BR3: Beck 1G **9**
Warner Village Cinema
Croydon 3C **12**
Warnham Ct. Rd. SM5: Cars . . .2G **17**
Warren, The SM5: Cars 3E **16**
Warren Av. BR1: Brom 2K **9**
CR2: Sels 2C **20**
SM2: Cheam 4A **16**
Warren Ct. BR3: Beck 2F **9**
CR0: Croy 3H **13**
Warren Pk. CR6: Warl 5C **26**
Warren Pk. Rd. SM1: Sutt 1E **16**
Warren Rd. CR0: Croy 3H **13**
CR8: Purl 6E **18**
SM7: Bans 1A **22**
SW19 . . . . .1F **5**
Warrington Ct. CR0: Wadd 5A **28**
Warrington Rd.
CR0: Wadd 6A **28** (5E **12**)
Warwick Ct. BR2: Brom 4K **9**
Warwick Gdns. CR7: Thor H 5D **6**
Warwick Rd. CR5: Coul 1K **23**
CR7: Thor H 5D **6**
SE20 . . . . .5A **8**
SM1: Sutt 6D **10**
Washpond La. CR6: Warl 5H **27**
Watcombe Pl. SE25 . . . . .7A **8**
Watcombe Rd. SE25 . . . . .7A **8**
Waterbourne Way CR8: Kenl . . .1G **25**
Waterer Ri. SM6: Wall 1A **18**
Waterfall Cotts. SW19 . . . . .1E **4**
Waterfall Rd. SW19 . . . . .1E **4**
Waterfall Ter. SW17 . . . . .1F **5**
Waterfield Dr. CR6: Warl 6B **26**
Waterfield Gdns. SE25 . . . . .6G **7**
Waterhouse La. CR8: Kenl 6F **25**
KT20: Kgswd 7A **22**
Waterloo Pl. *SM5: Cars* *5G 11*
(off Wrythe La.)
Waterloo Rd. SM1: Sutt 7E **10**
Water Mead CR5: Chip 4G **23**
Watermead La. SM5: Cars 2G **11**
Watermen's Sq. SE20 . . . . .2B **8**
Watermill Way SW19 . . . . .3D **4**
Waterside BR3: Beck 3E **8**
Waterside Av. *BR3: Beck* *7H 9*
(off Adamson Way)
Waterside Ct. *SM5: Cars* *5H 11*
(off Millpond Pl.)
Waterside Way SW17 . . . . .1D **4**
Water Twr. Hill
CR0: Croy 6E **28** (6G **13**)
Waterworks Yd. *CR0: Croy* *4B 28*
(off Surrey St.)
Watery La. SW20 . . . . .4A **4**
Wates Way CR4: Mitc 1G **11**
Watlings Cl. CR0: Croy 1D **14**
Watney Cl. CR8: Purl 7C **18**
Watney's Rd. CR4: Mitc 7A **6**
Watson Cl. SW19 . . . . .1F **5**
Wattendon Rd. CR8: Kenl 3E **24**
Wavel Ct. CR0: Croy 7E **28**
Waverley Av. CR8: Kenl 3H **25**
SM1: Sutt 4C **10**
Waverley Rd. SE25 . . . . .6A **8**
Waverley Way SM5: Cars 1F **17**
Waylands Mead BR3: Beck 3G **9**
Waynflete Av.
CR0: Wadd 5A **28** (5E **12**)
Wayside CR0: New Ad 1G **21**
Wealdstone Rd. SM3: Sutt 4A **10**
Weall Cl. CR8: Purl 6C **18**
Weaver Cl. CR0: Croy 6J **13**
Wedgwood Way SE19 . . . . .2F **7**
Weighton M. SE20 . . . . .4A **8**
Weighton Rd. SE20 . . . . .4A **8**
Weihurst Ct. SM1: Sutt 7F **11**
Weihurst Gdns. SM1: Sutt 7E **10**
Welbeck Rd. SM1: Sutt 4E **10**
SM5: Cars 4E **10**
Welbeck Wlk. SM5: Cars 3E **10**
Welcomes Rd. CR8: Kenl 5F **25**
Welcomes Ter. CR3: Kenl 3J **25**
Welham Rd. SW16 . . . . .1H **5**
SW17 . . . . .1H **5**
Welhouse Rd. SM5: Cars 3F **11**
Wellesford Cl. SM7: Bans 4A **22**
Wellesley Ct. SM3: Sutt 3A **10**
Wellesley Ct. Rd.
CR0: Croy 3D **28** (4G **13**)
Wellesley Gro.
CR0: Croy 3D **28** (4G **13**)
Wellesley Pas.
CR0: Croy 2C **28** (4F **13**)
Wellesley Rd.
CR0: Croy 1C **28** (3F **13**)
SM2: Sutt 1D **16**
(not continuous)
Wellesley Road Stop (CT)
. . . . .2D **28** (4G **13**)
Well Farm Rd. CR6: Warl 6K **25**
Wellfield Gdns. SM5: Cars 3F **17**
Well Ho. SM7: Bans 2C **22**
Wellhouse Rd. BR3: Beck 6F **9**
Wellington Dr. CR8: Purl 4C **18**
Wellington Rd. CR0: Croy 2E **12**
Wellow Wlk. SM5: Cars 3E **10**
Wells Cl. CR2: S Croy 7H **13**
Wells Ct. BR2: Brom 4J **9**
Wellwood Cl. CR5: Coul 1B **24**
Wend, The CR5: Coul 1A **24**
Wenderholme *CR2: S Croy* *7G 13*
(off South Pk. Hill Rd.)
Wendling Rd. SM1: Sutt 3E **10**
Wentworth Cl. SM4: Mord 2B **10**
Wentworth Rd. CR0: Croy 2D **12**
Wentworth Way CR2: Sand 1K **25**
Werndee Rd. SE25 . . . . .6K **7**
Wessex Av. SW19 . . . . .5B **4**
Wessex Ct. BR3: Beck 3D **8**
West Av. SM6: Wall 7B **12**
Westbourne Rd. CR0: Croy 1J **13**
SE26 . . . . .1C **8**
Westbrook Rd. CR7: Thor H 3G **7**
Westbury Cl. CR3: Whyt 5J **25**
Westbury Rd. BR3: Beck 5D **8**
CR0: Croy 1G **13**
SE20 . . . . .3C **8**
Westcombe Av. CR0: Croy 2B **12**
Westcote Rd. SW16 . . . . .1K **5**
Westcott Cl. CR0: New Ad 3G **21**
Westcroft Gdns. SM4: Mord 5A **4**
Westcroft Leisure Cen. 6H **11**
Westcroft Rd. SM5: Cars 6H **11**
SM6: Wall 6H **11**
West Croydon Station (Rail & CT)
. . . . .1B **28** (3F **13**)
West Dr. SM2: Cheam 3A **16**
SM5: Cars 4E **16**
Westerham Cl. SM2: Sutt 4B **16**
Westerham Lodge *BR3: Beck* *2F 9*
(off Park Rd.)
Western Rd. CR4: Mitc 3E **4**
SM1: Sutt 7B **10**
SW19 . . . . .3E **4**
Westfield Av. CR2: Sand 7G **19**
Westfield Cl. SM1: Sutt 6A **10**
Westfield Rd. BR3: Beck 4E **8**
CR0: Croy 2A **28** (4E **12**)
CR4: Mitc 4F **5**
SM1: Sutt 6A **10**
West Gdns. SW17 . . . . .1F **5**
Westgate Rd. BR3: Beck 3H **9**
SE25 . . . . .6A **8**
Westhall Pk. CR6: Warl 6B **26**
Westhall Rd. CR6: Warl 5K **25**
West Hill CR2: Sand 4H **19**
Westland Dr. BR2: Hayes 4K **15**
Westleigh Av. CR5: Coul 3H **23**
Westleigh Ct. *CR2: S Croy* *6H 13*
(off Birdhurst Rd.)
Westmead Cnr. SM5: Cars 6F **11**
Westmead Ho. SM1: Sutt 6E **10**
Westmead Rd. SM1: Sutt 6E **10**
Westminster Av. CR7: Thor H 4E **6**
Westminster Rd. SM1: Sutt 4E **10**
Westmoat Cl. BR3: Beck 2H **9**
Westmoreland Dr. SM2: Sutt 2C **16**
Westmoreland Rd. BR2: Brom 7K **9**
Westmorland Sq. *CR4: Mitc* *7B 6*
(off Westmorland Way)
Westmorland Ter. SE20 . . . . .2A **8**
Westmorland Way CR4: Mitc 6A **6**
West Oak BR3: Beck 3J **9**
Weston Cl. CR5: Coul 7C **24**
Westover Cl. SM2: Sutt 3C **16**
Westow Hill SE19 . . . . .1H **7**
Westow St. SE19 . . . . .1H **7**
W. Parkside CR6: Warl 2F **27**
West St. CR0: Croy 6C **28** (6F **13**)
SM1: Sutt 7C **10**
SM5: Cars 5G **11**
West St. La. SM5: Cars 6G **11**
(not continuous)
West St. Pl. CR0: Croy 6C **28**
West Sutton Station (Rail) 6B **10**
West Vw. Av. CR3: Whyt 5J **25**
West Vw. Rd. CR6: Warl 6A **26**
West Way BR4: W W'ck 1J **15**
CR0: Croy 4D **14**
SM5: Cars 4E **16**
W. Way Gdns. CR0: Croy 4C **14**
Westwell M. SW16 . . . . .1B **6**
Westwell Rd. SW16 . . . . .1B **6**
Westwell Rd. App. SW16 . . . . . . .1B **6**
WEST WICKHAM 3H **15**
West Wickham Pools 3H **15**
West Wickham Station (Rail)
. . . . .2H **15**
Westwood Av. SE19 . . . . .3F **7**
Westwood Rd. CR5: Coul 5A **24**
Wettern Cl. CR2: Sand 4H **19**
Weybourne Pl. CR2: Sand 4G **19**
Weybridge Rd. CR7: Thor H 6D **6**
Weymouth Ct. SM2: Sutt 2B **16**
Wharfedale Gdns.
CR7: Thor H 6C **6**
Wharncliffe Gdns. SE25 . . . . .4H **7**
Wharncliffe Rd. SE25 . . . . .4H **7**
Whateley Rd. SE20 . . . . .2C **8**
Whatley Av. SW20 . . . . .4A **4**
Wheatcroft Ct. *SM1: Sutt* *3C 10*
(off Cleeve Way)
Wheathill Ho. *SE20* *4A 8*
(off Croydon Rd.)
Wheathill Rd. SE20 . . . . .5A **8**
Wheat Knoll CR8: Kenl 3F **25**
Wheatstone Cl. CR4: Mitc 3F **5**
Wheeler's St. SM1: Sutt 5B **10**
Whelan Way SM6: Bedd 5A **12**
Whimbrel Cl. CR2: Sand 5G **19**
Whitby Gdns. SM1: Sutt 4E **10**
Whitby Rd. SM1: Sutt 4E **10**
White Bri. Av. CR4: Mitc 5E **4**
Whitecroft Cl. BR3: Beck 6J **9**
Whitecroft Way BR3: Beck 7H **9**
Whitefield Av. CR8: Purl 3D **24**
Whitegates CR3: Warl 6K **25**
Whitehall Pl. SM6: Wall 6J **11**
Whitehall Rd. CR7: Thor H 7D **6**
White Hill CR2: Sand 4G **19**
Whitehorse La. SE25 . . . . .6G **7**
Whitehorse Rd. CR0: Croy 2F **13**
CR7: Thor H 2F **13**
Whiteley Rd. SE19 . . . . .1G **7**
White Lodge SE19 . . . . .2E **6**
White Lodge Cl. SM2: Sutt 2D **16**
White Oak Dr. BR3: Beck 4H **9**
Whiteoaks SM7: Bans 7C **16**
Whitethorn Av. CR5: Coul 2H **23**
Whitethorn Gdns. CR0: Croy . . .4A **14**
Whitford Gdns. CR4: Mitc 5G **5**
Whitgift Av. CR2: S Croy 7E **12**
Whitgift Cen.
CR0: Croy 2C **28** (4F **13**)
Whitgift Ct. *CR2: S Croy* *7F 13*
(off Nottingham Rd.)
Whitgift Sq.
CR0: Croy 3C **28** (4F **13**)
Whitgift St.
CR0: Croy 5B **28** (5F **13**)
Whitland Rd. SM5: Cars 3E **10**
Whitmead Cl. CR2: S Croy 1H **19**
Whitmore Rd. BR3: Beck 5E **8**
Whitstable Cl. BR3: Beck 3E **8**
Whitstable Pl.
CR0: Croy 7C **28** (6F **13**)
Whitstone La. BR3: Beck 7G **9**
Whittaker Rd. SM3: Sutt 5A **10**
Whittlebury Cl. SM5: Cars 2G **17**
Whitworth Rd. SE25 . . . . .5H **7**
Whyteacre CR3: Warl 7A **26**
Whytebeam Vw. CR3: Whyt 5J **25**
Whytecliffe Rd. Nth.
CR8: Purl 5E **18**
Whytecliffe Rd. Sth.
CR8: Purl 5D **18**
WHYTELEAFE 5J **25**
Whyteleafe Bus. Village
CR3: Whyt 4J **25**
Whyteleafe Hill CR3: Whyt 7H **25**
(not continuous)
Whyteleafe Rd. CR3: Cat'm 7H **25**
Whyteleafe South Station (Rail)
. . . . .6K **25**
Whyteleafe Station (Rail) 4J **25**
Wicket, The CR0: Addtn 7F **15**
Wickham Av. CR0: Croy 4D **14**
Wickham Chase
BR4: W W'ck 3J **15**
Wickham Ct. Rd.
BR4: W W'ck 4H **15**
Wickham Cres. BR4: W W'ck . . .4H **15**
Wickham Rd. BR3: Beck 4G **9**
CR0: Croy 4C **14**
Wickham Way BR3: Beck 6H **9**
Wide Way CR4: Mitc 5A **6**
Wigmore Rd. SM5: Cars 4E **10**
Wigmore Wlk. SM5: Cars 4E **10**
Wilbury Av. SM2: Cheam 4A **16**
Wilcox Rd. SM1: Sutt 6C **10**
Wilderness Island Nature Reserve
. . . . .4H **11**
Wildwood Ct. CR8: Kenl 2G **25**
Wilford Rd. CR0: Croy 1F **13**
Wilfred Owen Cl. SW19 . . . . .1D **4**
Wilhelmina Av. CR5: Coul 6K **23**
Wilkins Cl. CR4: Mitc 3F **5**
Wilkinson Gdns. SE25 . . . . .3H **7**
Wilks Gdns. CR0: Croy 3D **14**
Willett Pl. CR7: Thor H 7D **6**
Willett Rd. CR7: Thor H 7D **6**
William Booth Rd. SE20 . . . . . . .3K **7**
William Rd. SM1: Sutt 7D **10**
SW19 . . . . .2A **4**
Williams La. SM4: Mord 7D **4**
Williams Ter. CR0: Wadd 1D **18**
William St. SM5: Cars 5F **11**
Willis Av. SM2: Sutt 1F **17**
Willis Ct. BR4: W W'ck 4J **15**
CR7: Thor H 1D **12**
Willis Rd. CR0: Croy 2F **13**
Will Miles Ct. SW19 . . . . .2D **4**
Willmore End SW19 . . . . .3C **4**
Willoughby Av. CR0: Bedd 6C **12**
Willowbank CR5: Coul 1B **24**
Willowbank Pl. CR8: S Croy 3E **18**
Willow Bus. Cen., The
CR4: Mitc 1G **11**
Willow Ho. BR2: Brom 4K **9**
CR6: Warl 2G **27**
Willow La. CR4: Mitc 7G **5**
Willow Mt. CR0: Croy 5H **13**
Willow Rd. SM6: Wall 2J **17**
Willows, The BR3: Beck 3F **9**
Willows Av. SM4: Mord 7C **4**
Willowtree Way CR7: Thor H 3D **6**
Willow Vw. SW19 . . . . .3E **4**
Willow Wlk. SM3: Sutt 5A **10**
Willow Wood Cres.
SE25 . . . . .1H **13**
Wilmar Gdns. BR4: W W'ck 3G **15**
Wilmington Ct. SW16 . . . . .2B **6**
Wilmot Cotts. SM7: Bans 2C **22**
Wilmot Rd. CR8: Purl 6D **18**
SM5: Cars 7G **11**
Wilmot Way SM7: Bans 1B **22**
Wilson Av. CR4: Mitc 2F **5**
Wilson Cl. CR2: S Croy 7G **13**
Wilton Cres. SW19 . . . . .2A **4**
Wilton Gro. SW19 . . . . .3A **4**
Wilton Ho. CR2: S Croy 7B **28**
Wilton Rd. SW19 . . . . .2F **5**
Wiltshire Ct. CR2: S Croy 7F **13**
Wiltshire Rd. CR7: Thor H 5D **6**
Wimbledon Bri. SW19 . . . . .1A **4**
Wimbledon Hill Rd.
SW19 . . . . .1A **4**
Wimbledon Leisure Cen. 1C **4**
Wimbledon Station (Rail, Tube & CT)
. . . . .1A **4**
Wimbledon Theatre *2B 4*
(off Russell Rd.)
Wimborne Way BR3: Beck 5C **8**
Wimshurst Cl. CR0: Wadd 3B **12**
Winchcombe Rd. SM5: Cars 2E **10**

A-Z Croydon 51

Winchelsey Ri.—Zion Rd.

Name	Grid
Winchelsey Ri. CR2: S Croy	1J 19
Winchester Cl. BR2: Brom	5K 9
Winchester Pk. BR2: Brom	5K 9
Winchester Rd. BR2: Brom	5K 9
Winchet Wlk. CR0: Croy	1B 14
Windall Cl. SE19	3K 7
Windborough Rd. SM5: Cars	2H 17
Windermere Av. SW19	5C 4
Windermere Ct. CR8: Kenl	2E 24
SM5: Cars	5H 11
Windermere Rd.	
BR4: W W'ck	4K 15
CR0: Croy	3J 13
CR5: Coul	2B 24
SW16	3K 5
Windham Av. CR0: New Ad	4J 21
Windings, The CR2: Sand	5J 19
Windmill Bri. Ho. CR0: Croy	3H 13
(off Freemasons Rd.)	
Windmill Gro. CR0: Croy	1F 13
Windmill Rd. CR0: Croy	2F 13
CR4: Mitc	7K 5
Windsor Av. SM3: Cheam	5A 10
SW19	3D 4
Windsor Ct. CR3: Whyt	5J 25
Windsor Gdns. CR0: Bedd	5B 12
Windsor Rd. CR7: Thor H	4E 6
Windycroft Cl. CR8: Purl	7A 18
Wingate Cres. CR0: Croy	1B 12
Wingfield Ct. SM7: Bans	2B 22
Wings Cl. SM1: Sutt	6B 10
Winifred Rd. CR5: Coul	3H 23
SW19	3B 4
Winkworth Pl. SM7: Bans	1A 22
Winkworth Rd. SM7: Bans	1B 22
Winterbourne Rd.	
CR7: Thor H	6D 6
Winterton Ct. SE20	4K 7
Winton Way SW16	1D 6
Wisbeach Rd. CR0: Croy	7G 7
Wisborough Rd. CR2: Sand	3J 19
Wisley Ct. CR2: Sand	4G 19
Witham Rd. SE20	5B 8
Witherby Cl. CR0: Croy	7H 13
Witley Cres. CR0: New Ad	1H 21
Wiverton Rd. SE26	1B 8
Woburn Av. CR8: Purl	5D 18
Woburn Ct. SW19	1D 4
Woburn Ct. CR0: Croy	3F 13
Woburn Rd.	
CR0: Croy	1C 28 (3F 13)
SM5: Cars	3F 11
WOLDINGHAM GARDEN VILLAGE	7D 26
Woldingham Rd. CR3: Wold	7A 26
Wolseley Rd. CR4: Mitc	2H 11
Wolsey Cres. CR0: New Ad	3H 21
SM4: Mord	2A 10
Wontford Rd. CR8: Purl	2D 24
Woodbastwick Rd.	
SE26	1C 8
Woodbine Gro. SE20	2A 8
Woodbourne Gdns.	
SM6: Wall	2J 17
Woodbury Cl. CR0: Croy	4J 13
Woodbury Dr. SM2: Sutt	4D 16
Woodbury St. SW17	1F 5
WOODCOTE	6A 18
Woodcote Av. CR7: Thor H	6E 6
SM6: Wall	3J 17
Woodcote Dr. CR8: Purl	4A 18
WOODCOTE GREEN	3K 17
Woodcote Grn. SM6: Wall	3K 17
WOODCOTE GROVE	7J 17
Woodcote Gro. Rd.	
CR5: Coul	7A 18
Woodcote High School Sports College	7A 18
Woodcote La. CR8: Purl	5A 18
Woodcote M. SM6: Wall	1J 17
Woodcote Pk. Av. CR8: Purl	6K 17
Woodcote Rd. CR8: Purl	1J 17
SM6: Wall	1J 17
Woodcote Valley Rd.	
CR8: Purl	7A 18
Wood Crest SM2: Sutt	2D 16
(off Christchurch Pk.)	
Woodcrest Rd. CR8: Purl	7B 18
Woodcroft Rd. CR7: Thor H	7E 6
Wood End, The SM6: Wall	3J 17
Woodend SE19	1F 7
SM1: Sutt	4D 10
Wooderson Cl. SE25	6H 7
Woodfield Av. SM5: Cars	1H 17
Woodfield Cl. CR5: Coul	6K 23
SE19	2F 7
Woodfield Hill CR5: Coul	6J 23
Woodfields, The CR2: Sand	5J 19
Woodgate Dr. SW16	2A 6
Woodgavil SM7: Bans	3A 22
Woodhatch Spinney	
CR5: Coul	3B 24
Woodhyrst Gdns. CR8: Kenl	2E 24
Woodland Cl. SE19	1H 7
Woodland Craft Cen.	6F 17
Woodland Gdns. CR2: Sels	5B 20
Woodland Hill SE19	1H 7
Woodland Rd. CR7: Thor H	6D 6
SE19	1H 7
Woodlands BR2: Brom	6K 9
Woodlands, The SE19	2F 7
SM6: Wall	3J 17
Woodlands Ct. BR1: Brom	3K 9
Woodlands Gro. CR5: Coul	4H 23
Woodland Way	
BR4: W W'ck	6G 15
CR0: Croy	3D 14
CR4: Mitc	2H 5
CR8: Purl	7D 18
SM4: Mord	6A 4
Wood La. KT20: Tad	4A 22
Woodlea Dr. BR2: Brom	7K 9
Woodley Cl. SW17	2G 5
Woodley La. SM5: Cars	5F 11
Wood Lodge La.	
BR4: W W'ck	5H 15
Woodman Rd. CR5: Coul	2K 23
WOODMANSTERNE	2G 23
Woodmansterne La.	
SM5: Cars	6G 17
SM6: Wall	5J 17
SM7: Bans	2C 22
Woodmansterne Rd.	
CR5: Coul	2K 23
SM5: Cars	6G 17
SW16	2K 5
Woodmansterne Station (Rail)	3J 23
Woodmansterne St.	
SM7: Bans	2F 23
Woodmere Av. CR0: Croy	2B 14
Woodmere Cl. CR0: Croy	2C 14
Woodmere Gdns. CR0: Croy	2C 14
Woodmere Way BR3: Beck	7J 9
Woodpecker Rd. CR0: Sels	3D 20
Woodplace Cl. CR5: Coul	6K 23
Woodplace La. CR5: Coul	5K 23
WOODSIDE	1K 13
Woodside SW19	1A 4
Woodside Av. SE25	1A 14
Woodside Ct. Rd. CR0: Croy	2K 13
Woodside Grn. SE25	1K 13
(not continuous)	
Woodside Ho. SW19	1A 4
Woodside Pk. SE25	1A 14
Woodside Rd. CR8: Purl	7A 18
SE25	1A 14
SM1: Sutt	5D 10
Woodside Stop (CT)	1A 14
Woodside Way CR0: Croy	1B 14
CR4: Mitc	3J 5
WOODSTOCK, THE	2A 10
Woodstock Av. SM3: Sutt	2A 10
Woodstock Gdns. BR3: Beck	3G 9
Woodstock Ri. SM3: Sutt	2A 10
Woodstock Rd.	
CR0: Croy	5D 28 (5G 13)
CR5: Coul	3J 23
SM5: Cars	7H 11
Woodstock Way CR4: Mitc	4J 5
Wood St. CR4: Mitc	2H 11
Woodvale Av. SE25	5J 7
Woodview Cl. CR2: Sand	1A 26
Woodville Ct. SE19	3J 7
Woodville Rd. CR7: Thor H	6F 7
SM4: Mord	6B 4
Worbeck Rd. SE20	4A 8
Worcester Cl. CR0: Croy	4F 15
CR4: Mitc	4H 5
Worcester Rd. SM2: Sutt	2B 16
SW19	1A 4
Wordsworth Av. CR8: Kenl	2G 25
Wordsworth Rd. SE20	2C 8
SM6: Wall	1K 17
Worple Av. SW19	2A 4
Worple Rd. M. SW19	1A 4
Worsley Bri. Rd. BR3: Beck	1F 9
Worthington Cl. CR4: Mitc	6J 5
Wortley Rd. CR0: Croy	2D 12
Wrangthorn Wlk. CR0: Wadd	6D 12
Wray Rd. SM2: Cheam	3A 16
Wren Cl. CR2: Sels	3C 20
Wren Ct. CR0: Croy	6E 28
Wrights Rd. SE25	5H 7
Wrights Row SM6: Wall	6J 11
Wrotham Ho. BR3: Beck	2E 8
(off Sellindge Cl.)	
WRYTHE, THE	5G 11
Wrythe Grn. SM5: Cars	5G 11
Wrythe Grn. Rd. SM5: Cars	5G 11
Wrythe La. SM5: Cars	3D 10
Wyche Gro. CR2: S Croy	2G 19
Wychwood Av. CR7: Thor H	5F 7
Wychwood Way SE19	1G 7
Wycliffe Rd. SW19	1C 4
Wydehurst Rd. CR0: Croy	2K 13
Wynash Gdns. SM5: Cars	7F 11
Wyncote Way CR2: Sels	3C 20
Wyndham Cl. SM2: Sutt	2B 16
Wyndhurst Cl. CR2: S Croy	2E 18
Wynton Gdns. SE25	7J 7
Wyvern Rd. CR8: Purl	4E 18

Y

Name	Grid
Yarborough Rd. SW19	3E 4
Yarbridge Cl. SM2: Sutt	4C 16
Yateley Ct. CR8: Kenl	1F 25
Ye Mkt. CR2: S Croy	7G 13
(off Selsdon Dr.)	
Yenston Cl. SM4: Mord	1B 10
Yewbank Cl. CR8: Kenl	2G 25
Yewdale Cl. BR1: Brom	1K 9
Yewlands Cl. SM7: Bans	2D 22
Yew Tree Cl. CR5: Chip	6G 23
Yew Tree Ct. SM2: Sutt	2D 16
(off Walnut M.)	
Yewtree Rd. BR3: Beck	5E 8
Yew Tree Wlk. CR8: Purl	4F 19
Yew Tree Way CR0: Sels	4D 20
(not continuous)	
York Cl. SM4: Mord	6C 4
York Rd. CR0: Croy	2D 12
CR2: Sels	4C 20
SM1: Sutt	1B 16
SM2: Sutt	1B 16
SW19	1D 4
Yorkshire Rd. CR4: Mitc	7B 6
York St. CR4: Mitc	2H 11

Z

Name	Grid
Zermatt Rd. CR7: Thor H	6F 7
Zig Zag Rd. CR8: Kenl	3F 25
Zion Pl. CR7: Thor H	6G 7
Zion Rd. CR7: Thor H	6G 7

The representation on the maps of a road, track or footpath is no evidence of the existence of a right of way.

The Grid on this map is the National Grid taken from Ordnance Survey mapping with the permission of the Controller of Her Majesty's Stationery Office.

Copyright of Geographers' A-Z Map Company Ltd.

No reproduction by any method whatsoever of any part of this publication is permitted without the prior consent of the copyright owners.